壊されゆく子どもたち

夜回り先生の青少年問題論

水谷修

日本評論社

はじめに

私は六三年の人生を生きてきた。そのうち五一年の人生を教師として過ごしてきた。すでに中学一年のときから、在日朝鮮人のおじいちゃんやおばあちゃんたちの識字《しきじ》教室で日本語を教える母の手伝いを始めたのだ。

四月からの授業で、私は漢字を教えることになった。「山」「川」の字を黒板に書いたときだ。教室に笑顔があふれた。「どうしたの」と聞くと、一人のおばあちゃんが、「先生、漢字ってすごいね。山とか川の漢字を見ると、故郷朝鮮半島の山々や川が目に浮かぶ」そう答えてくれた。「父」「母」の字を黒板に書いたときは、教室が涙で埋まった。「先生、ごめんね。その漢字を見ると、会うことのできない故郷のオモニやアボジのことが目に浮かんで、哀《かな》しくなってしまって」と、一人のおじいちゃんが教えてくれた。オモニとはお母さん、アボジとはお父さんのことだ。

七月には、暑中見舞いのはがきを自分宛に書くことにした。みんなが、私のところに書いたはがきを持ってきて、「郵便局員さんは、私の字をちゃんと読んでくれるかな」「私の字は、読めないかな」と大騒ぎだった。次の週の授業はさらに大変だった。「先生、はがきが着いた。私の字を読んでもらえた」、みんなが感動していた。

この教室での経験が、私に教育に携《たずさ》わることの喜びを教えてくれた。

それ以来、塾や予備校の講師として、からだの不自由な子どもたちの高校、受験校、夜間定時制高校の教師として、そして今は大学で、五一年間教壇に立ち続けてきた。その間、教室で、夜の町で、数え切れないほどの子どもたちと関わり続けてきた。優《やさ》しい親に恵まれてすくすくと育っていく子どもたちを、いつも笑顔で見つめていた。生まれつき持っている障がいに苦しみながらも今を必死に生きる子どもたちには、心を震わせながら、自分に何ができるのかを問い続けていた。貧しさの中で昼は必死に働き、夜は教室で学ぶ子どもたちに接して、いつも自分の力のなさを恥じた。

私が夜間定時制高校へと転勤したのは二八年前のことだ。同時に「夜回り」を始めた。教室に寄りつかず、危険な夜の町を徘徊《はいかい》する生徒たちと、人間関係を作り、彼らを教室に呼び戻すためには、彼らの居場所である夜の町に出て、彼らと触れ合うしかなかった。また、家庭や親に恵まれず、小学校や中学校で信じることのできる教師との出会いもなく、不貞腐《ふてくさ》れ、夜の町をさまよう子どもたちとともに生きるためだ。

それ以来、私には教室と夜の町という二つの教壇ができた。夜の町で出会った子どもたちの数は、すでに一万人をはるかに超えている。

さらに、一六年前にはリストカットとＯＤ（薬の過剰摂取）を繰り返す「夜眠れない子どもたち」の存在に気づいた。そして、水谷青少年問題研究所を設立し、彼らからの相談を受け続けている。研究所という三つ目の教壇だ。以来、関わった「夜眠れない子どもたち」の数は、四九万人を超えた。

夜の町で、また、研究所に届く多くの子どもたちの助けを求める相談で、私は自分の非力さを嫌というほど感じた。

「一人の子どもの命も失わない」、その決意で始めた「夜回り」や相談だが、関わった子どもたちのうち、わかっているだけで三一三人の尊《とうと》い命を、自死や事故死、病死、ドラッグの乱用によって失った。教師として許されることではない。

それでも私が動き続けているのは、関わった多くの子どもたちが笑顔で巣立っていったからだ。今もこれからも、彼らや彼女たちから届く「ありがとう」の言葉が、私の原動力だ。

長い教師経験の中で子どもたちから学んだことがある。それは、様々な問題を抱えた子どもたちに変わってほしいと願うのなら、まずは、このような子どもたちを育ててしまった親や家庭、そして学校を、社会を変えることだ。簡単に言えば、大人たちが自ら変わることが大切だ。決して、子どもたちを変えようとすることではない。

私は今まで、非行や犯罪、ドラッグ乱用などの問題を抱えた子どもたちと触れ合ってきた。さらには、いじめや虐待《ぎゃくたい》で日々を苦しみ、ひきこもり、あるいはリストカットなどの自傷行為で、中には死へと向かう子どもたちとも、数え切れないほど関わってきた。

当然だが、その子たちの親たちや教師たちとも関わっている。多くの親たちは「うちの子がなんでこんなことを」「どうして学校に行かないで私を苦しめるの」「こんな子に育てた覚えはないのに」「なぜ、普通になれないの」などと言って、子どもたちを責めた。「私が悪かったから」と自分を責める親や教師は、ほとんどいなかった。

このような親や教師の姿を目の当たりにするたびに、彼らに対して言いたかったことがある。それは、「あなたが、そう育てたのでしょう」、この言葉だ。

私は教室、夜の町、研究所での相談という三つの教壇で、一度も子どもたちを叱ったことも怒ったことも、ましてや叩いたことはない。なぜなら、子どもたちをそこまで追い込んでしまったのは、親や先生、私たち大人であり、大人が作ってしまったこのいらいらした社会だと知っているからだ。だから、私がいつも子どもたちに話す言葉は、「ごめんね」だった。

この本は私が書いたものだ。でも本当は、哀しみの中で今を苦しむ子どもたち、私の関わった子どもたちが、私に書かせたものだ。

子どもたちは弱い存在だ。自分の本当の思いや考えを親や教師にきちんと話すことは、まず無理だ。

だから、苦しんでしまうと、強い性格の子どもは自暴自棄《じぼうじき》になり、非行や犯罪、ドラッグ乱用、いじめなどの問題行動を起こしてしまう。優しい性格の子どもは心を閉ざし、不登校やひきこもりになってしまう。さらに、もっと心の優しい子どもたちは、自分を責めてリストカットなどの自傷行為やOD、自死へと向かっていく。
このような子どもたちを誰が責めることができるだろう。責められるべきなのは、そこまで子どもたちを追い込んでしまった親や教師、私たち大人なのではないだろうか。

多くの親たち、教師たち、すべての大人たちに、そんな子どもたちの思いを知ってもらいたい。そのために、この本を書き上げた。繰り返しになるが、子どもたちに変わってほしいのなら、まずは、大人である私たち自身が変わらなくてはならないのだ。

二〇一九年一一月

水谷《みずたに》　修《おさむ》

壊されゆく子どもたち――夜回り先生の青少年問題論

第一章

青少年問題の歴史

若者は、そのほとんどが親となる。そして、その子どもが次の時代の若者となる。親の時代と子どもの時代には、二十数年の隔《へだ》たりはあるが、親たちは自らが若者として生きた時代を、ある場合は一つの理想として、また、ある場合は一つの最悪の時代として捉《とら》え、子どもたちを育てていく。

ここに、それぞれの時代のつながりが生まれていく。だが、ほとんどの場合は、哀《かな》しいことに、無意識のうちに前の時代を自らの時代に対するアンチテーゼと見なしている。時代を貫く連続性と、そこから生じる因果関係に目を向けないままに。

そこで、この本の最初に、現在の若者たちの真の姿を知るために、第二次世界大戦後から現在までの若者の変化を、七つの時代に分けてたどってみよう。

一、昭和二〇年代――終戦後の混乱の中で

第二次世界大戦に敗戦した昭和二〇年代の日本は、貧しさと飢えの時代だった。終戦後の荒廃と混乱の中で、アメリカから日本にもたらされた民主主義の息吹《いぶき》をいち早く身につけたのは、若者たちであった。

大人たちが敗戦のショックで呆然《ぼうぜん》とし、その日の暮らしにも困り果てていたときに、多くの若者たちはこれから自らの力で作り出す、新しい国家への希望を膨《ふく》らませていった。

こうした若者たちを支えたのは、戦後の民主主義教育であった。

かつての国家による統制から抜け出した多くの教師たちが教育の現場で、戦争中に多くの教え子たちを戦場に送り出したことへの反省の上に立ち、国家のための教育ではなく、生徒個人のための、人間のための教育をスローガンに、教育の民主化運動を活発に繰り広げた。

都市部では、校舎が破壊されたまま、午前と午後の二部制の青空学級が開校。しかも、当時の一クラスの定員数である四五人をはるかに超えた児童生徒たちであふれていた。教科書や筆記用具すら用意できない状況の中でも、多くの教師たちがからだを張って教育に取り組んだ。

この時代に育った多くの若者は、その後の日本の高度経済成長を支える戦士となった。彼らこそが、現在の日本の繁栄の礎《いしずえ》を築いた人たちである。貧しさや過酷な労働環境に耐え、地道にそれらを改善しながら、一歩一歩明日を作ってきた。

諸外国からは、「『ウサギ小屋』に住むエコノミック・アニマル」と呼ばれ軽蔑《けいべつ》されても、屈することなく、ただひたすら家族を守り、日本経済の繁栄のために突き進んでいった。

この時代の若者たちの中にも、非行や犯罪に走る者は多く存在した。これは当然のことである。アメリカ軍から受けた無差別空襲という非人道的な行為によって、日本の都市部の多くは焼け野原となり、たくさんの子どもたちが家を失った。また、疎開《そかい》という国策でなされた地方への移住で、家庭や親を失った「戦災孤児」と呼ばれる多くの子どもたちが作られた。生まれ育った町に戻っても、家もなければ親もいない。頼るべき親戚《しんせき》もいない。

日本の政府は、このような戦災孤児を守りもしなかった。だから、彼らはその日を生き延びるために、犯罪に走ったのだ。

じつは、戦後の青少年犯罪の歴史の中で、少年による殺人等の凶悪犯罪が最も多かったのは、この時代である。一九五一年（昭和二六年）には、少年刑法犯の検挙人員数が一六万六〇〇〇人以上に達した。これは、戦後第一回目の少年犯罪のピークと言われる。

この時代に少年犯罪が多発したのは、都市部であった。家族の離散や喪失《そうしつ》、経済的貧困、同和地域出身者に対する強い差別、在日外国人に対する差別や敵対行為。このような要因を負わされた若者たちが、劣悪な家庭環境や生活環境のためにやむなく犯す「生活型の非行、犯罪」であった。私はこの時期の少年犯罪の多発を「貧しさゆえの少年犯罪多発期」と呼んでいる。

この時代に社会から脱落させられた若者たちが組織していったのが、現在まで続く暴力団だ。彼らは暴力団として組織を作り、裏社会の中でその勢力を広げていった。

二、昭和三〇年代——復興から民主主義国家へ

昭和三〇年代前半もこのような時代が続いた。しかし、戦後の民主主義教育は、確

実に若者たちの間に根を下ろしていった。若者たちは、終戦によってもたらされた自由の中で、とまどいながらも明日を求めて生きた。

この時代、地方に暮らす多くの若者たちは義務教育が修了すると、勤労青少年として親元を離れ、都市部の工業地帯へと旅立った。この当時、私は山形県で暮らしていた。毎年三月の末になると、上野駅一八番線行きの夜行列車に、中学校を卒業したばかりのあどけない顔つきをした若者たちが制服姿でボストンバックをぶら下げて乗り込み、片道切符を握りしめて故郷を離れていく。彼らを見送る親たちの哀しげな顔。こんな光景を、今もはっきりと思い出すことができる。

勤労青少年たちは「金の卵」と呼ばれ、工場労働者や商店の従業員として、日本の経済を底から支えた。彼らの汗と涙を糧《かて》にして、次の経済成長が作られた。今で言ったら、当時のほとんどの工場や企業はブラックだ。経営者は一日一〇時間近い労働を若者たちに強《し》いたが、若者たちはそれを受け入れるしかなかった。

高校への進学は、学校数の不足や経済的な事情から、まだまだ狭き門だった。

そんな中学卒業の若者たちの中でも、「もっと学びたい」という高い志《こころざし》を持つ人たちのために作られたのが、夜間定時制高校である。経済的に恵まれた子どもたちが学ぶ全日制の教室をそのまま使って、昼間の仕事を終えて疲れ果てた夜に、眠気と戦いながら学ぶという定時制高校が都市部に開設された。高校卒業の資格を取れば、少しは出世できるのではないか。出世できれば給与が上がる。このような思いで、多くの若者たちが夜の学窓に集まった。

思えば、この時代はまじめに生きることが若者たちに受け入れられた時代だった。ほとんどの若者たちは、それぞれの境遇の中で、与えられた人生を当然のこととして受け入れ、その人生をまじめに生きていった。

昭和三〇年代後半になると、若者たちは社会の中で、政府や大人たちに向かって意見を発言することを始めた。

知識は人にたくさんの気づきを与える。昼の学校や夜の学校で学ぶ中で、多くの若者たちが社会の矛盾《むじゅん》に気づいたのだ。必死に働いても貧しさから抜け出せない人が多い。その一方で、政治家や会社を経営する人たちは、自分たちが作り上げた富を手にして、日々裕福な生活をしている。こんな矛盾に疑問を持つ若者たちが増えたのだ。

大学生や勤労青少年たちが、大学や職場で、社会の問題や矛盾に対して自らの意見を主張し始めた。彼らを組織し主導したのは、当時の日本社会党や日本共産党などの社会主義勢力であった。急激な資本主義化の中で広がる貧富の格差、過酷な労働環境を、日本を社会主義化することの中で変革しようと考えている人たちであった。多くの若者たちが、社会主義国家日本を夢見て、学生運動や労働運動に積極的に参加していった。

この動きが爆発したのが「六〇年安保闘争」であった。若者、特に大学生を中心として、日本政府とアメリカ政府との間の「日米安全保障条約（安保条約）」の改定に反対する闘争は、多くの国民の共感の中で大きなうねりとなり爆発した。それまでの安保条約を改定することは、その相互協力の中で、アメリカの戦争に同盟国としての日本が巻き込まれることになりうる。このことは日本国憲法前文や第九条の不戦や非軍備の条項と矛盾する。これが大義だった。

また、貧富の差を当然のこととする資本主義ではなく、平等を理念とする社会主義国家に日本を変えたいという思いもあった。彼らは「左翼」と呼ばれた。

しかし、政府や大学は彼らを厳しく弾圧した。彼らの若いながらも純粋に人間や国を思う心ときちんと向き合わず、話し合うこともなく、無残に踏みにじったのだ。

このことは、左翼勢力の各団体も同様に反省しなくてはならない。大人自らが先頭に立つことなく、若者を闘争の最前線に送り込んだことは、国民の中に世代による断絶を生む一因となってしまった。なぜ、左翼団体の構成員自らが先頭に立たなかったのか。大人の喧嘩《けんか》に子どもを巻き込み、子どもをその喧嘩の最前列に並ばせる。こんなことは、許されることではない。しかし、当時の左翼の各団体はそれを平気でした。このことが、その後、若者たちが挫折感《ざせつかん》の中で社会全体を敵視し、特に既存の左翼の政党や団体を敵視し、過激化していく大きな要因となってしまった。

こうした大衆運動に危機感を抱いた一部の保守政治家や資本家が、それに対抗するため、右翼、つまり、天皇制を国家の柱としてこの国を護持していこうとする集団に、資金を提供し彼らの力を借りた。このことから、右翼によるテロも盛んになった。この右翼のテロ活動の最先端を担《にな》わされたのも若者だった。一九六〇年、日本社会党の浅沼稲次郎《あさぬまいねじろう》委員長が一七歳の右翼の少年に刺殺されるという事件は、その一例と言える。

じつは、左翼活動に走った若者たちと、右翼活動に走った若者たちには、共通点がある。それは、当時の日本の現状に不満を持ち、それを変えて、より素晴らしい国を作ろうという熱意だ。国家体制に対する理念では正反対となってしまったが、ともに純粋でまじめな若者たちであった。その純粋さを大人たちは利用したのだ。

国家による教育の統制も始まった。戦後の自由な民主主義教育に対する批判から学校現場、教師に対する当時の文部省による様々な干渉《かんしょう》が始まった。

そして、一九六〇年（昭和三五年）の文部省による高校の学習指導要領の改訂にあたって、「能力主義」という名の下に、産業教育、選別教育が進められた。これは、戦後、生徒たちの間に芽生《めば》えた自由への希望や自主性を管理主義的な体制によって摘《つ》むものだった。

ただし、一つだけ救われたことがある。それは、高校や大学、そして政府が寛容さを持っていたことだ。若者たちが生き残る場所までは奪わなかった。だから、多くの若者たちは、この「六〇年安保闘争」の挫折の中で、無力感にうちひしがれながらも社会の中へと戻り、取り込まれていった。少数の活動家として残った若者たちを除いて、社会の一員として、社会の役に立つ歯車の一つとして、まじめにその後の人生を生きていった。彼らこそが、現在の政治や経済の中心で日本の繁栄を築いた人たちである。

しかし、現在の日本社会を省《かえり》みれば、彼らのあの純粋な心が大きく変質したことによって、この社会をゆがめてしまったことは、一目瞭然《いちもくりょうぜん》だろう。彼らの夢見た日本の理想の姿を、今どこに見ることができるだろう。

なぜ、この時期に政府や各学校、つまり、大人たちは彼らの純粋な心にきちんと向き合わなかったのか。若さゆえの暴走があったとしても、彼らと向かい合い、その思いをしっかり受け止めていたら、今の日本はもっと違った姿になっていたはずだ。

また、この時代は、日本の産業構造が大きく変わった時代でもある。それまでの第一次産業（農業や林業、漁業など）と第二次産業（工業や製造業など）中心の構造から、第三次産業（商業やサービス業など）へと中心が移行していった。それにともない、労働者にも多くの知識が求められることになり、全国で高校の設置が進み、進学率が上昇した。それでも、ほぼすべての若者たちが高校に進学する現在とは異なり、中学校を卒業して就職をする若者たちは、まだ多かった。

貧困や家庭環境などから高校進学ができず、それらの理由から明日を見失った多くの若者たちが、特に都市部の工業地帯で非行や犯罪に走った。この地帯では労働者世帯の多くは両親がともに働いていた。「鍵《かぎ》っ子」と呼ばれた、共働き家庭の子どもたちの一部が、非行や犯罪に走ったのだ。

一九六四年（昭和三九年）には、少年刑法犯の検挙人員数が二三万八八三〇人に達した。これは、戦後第二回目の少年犯罪のピークであった。私は「寂しさゆえの少年犯罪多発期」と呼んでいる。

また、この年は、「日本の光と影の年」とも呼ばれる。東京オリンピック開催という華やかな光の裏で、都市部の多くの少年たちが様々な犯罪に手を染めるという影が見られたからだ。

三、昭和四〇年代——社会と対峙する若者たち

昭和四〇年代に入ると、多くの若者は明日を夢見ることに疲れ、政治的無関心（ノンポリティカル）、すなわち「ノンポリ」に陥《おちい》り、「三無主義（無気力、無関心、無責任）」へと流されていった。

また、一般家庭へのテレビの普及にともなって、アメリカやヨーロッパの若者文化が大挙してなだれ込んできた。ザ・ビートルズが流行し、ザ・ローリング・ストーンズなどのロックバンドの大ブームが起こったのもこの時期である。

一部の若者は「ヒッピー」や「フーテン族」となり、既存の社会からドロップアウトするという形で自己主張をした。新宿駅の地下道をシンナーで遊ぶ若者たちが埋め尽くしたのはこの頃だった。

学生運動は一部の高校生たちを取り込み、その活動を続けたが、学校や警察などの厳しい弾圧の中で低迷し、その反動として先鋭化していった。そして、その先鋭化の

ために、さらに大人たちからの共感と理解を失っていった。

一九六八年（昭和四三年）、東京大学から始まった大学紛争は、大学の民主化や改革を訴え、全国の大学や一部の高校を巻き込んだ学園闘争へと発展していった。これに対して、政府は機動隊を学校内に突入させ、流血の惨事が繰り返された。翌年の東京大学の「東大安田講堂事件」は、そのクライマックスであった。多くの若者が傷つき、倒れていった。そのような中で「七〇年安保闘争」を迎えた。

当時の佐藤栄作《さとうえいさく》内閣は、アメリカのニクソン大統領との間に沖縄返還の約束を取りつけ、沖縄問題に国民の目を向けさせ、なんの通告もせず、日米安全保障条約を自動延長させた。左翼の諸団体は様々な反対運動を試《こころ》みたが、闘争手段の過激化などによって、「六〇年安保闘争」のような運動とはならなかった。

この挫折感の中で、多くの若者は無力感から政治的無関心を強め、「四無主義（無気力、無関心、無責任、無感動）」という言葉も生まれ、「しらけ世代」と呼ばれた。

また、一部の若者はその反動から、さらに過激な暴力的反体制活動に走った。連合赤軍による「あさま山荘事件」「リンチ殺人事件」をはじめ、多くの死傷者を出した革マル派と中核派の内ゲバ事件などが続いた。

この時代を生きた若者たちは、今六〇代半ばを迎えている。彼らは、その後の高度経済成長の中で、最も恩恵を受けた人たちである。

まじめに働きさえすれば、生活は必ず向上する。若者たちは企業の終身雇用制と年功序列制によって守られ、それなりの幸せを手にして、時代と社会の流れの中に飲み込まれていった。ただし、強大な政府や社会に対して、つねに無力感とあきらめの気持ちを抱えながら。

私は、この時代に中学生、高校生として過ごした。

そして、社会体制の変革や改革を夢見て、学生運動へと身を投じた。左翼組織の高校生幹部の一人だった。しかし、政府の弾圧や学校の管理主義体制の中で、どんどん抑圧されていった。仲間の幾人かはその挫折感から、あるいは抗議のために、若い命を自ら絶った。

しかも、学生運動そのものが、一般の生徒たちからの共感を得ることができず、ますます乖離《かいり》していく中で、多くの仲間たちはより過激な活動へと進んでいった。

今も私の心の中には、あの当時の学校や教師や親の姿が、一つのアンチテーゼとして強く残っている。教師のほとんどは生徒側には立たなかった。彼らにどんなに訴えかけても、聞く耳を持たず、「大人になって世の中のことがわかるようになったら、話を聞いてやろう」という冷たい言葉だけを返してきたことを。

私は後で述べるある事件をきっかにして、「社会体制の変革より、個の変革こそが重要である」ということを学んだ。つまり、社会体制を資本主義から社会主義に変えても、人が変わらない限り世の中は変わらないことに気づいたのだ。

一人ひとりの人間が変わらない限り、社会は本当の意味で変わらないという信念の中で、私は学生運動から離脱した。あらゆる政治的組織や政治的活動から身を引いた。拳《こぶし》を振り上げることに疲れてしまっていたのだ。拳を振り上げて戦うことより、哀しい目をして、優《やさ》しく人を包みたかった。

これらの経験から、「個の変革」に直接取り組むことができる教師として生きる道を選んだ。私がつねに権力や権威に背を向けて、若者の側に立って、若者の言葉に耳を傾けようとしているのは、このような過去の体験が影響しているかもしれない。

そして、この選択は正しかったと、今も確信している。それは、その後の社会主義国家であるソビエト連邦が崩壊したことを見ても、現在の一部資本主義化した中国という強権国家の内部の矛盾を見ても、理解できることだ。

ある事件とは、組織にまつわることだ。

組織とは恐ろしいものである。組織は一人の人を必要としていない。組織の中では、人は駒として扱われる。上の人間の指示のままに動かされる、軍隊と一緒である。組織の上層部が、必要とか有用と見なした人物は大切に守られ、駒とされた人たちはいいように使われる。多くの私の仲間たち、特に勤労奉仕要員の若者たちが、警察に逮捕された。しかし、党の幹部たちは一人も逮捕されていない。これを許すことができなかった。

忘れることのできない闘争がある。当時、神奈川県のある高校で、高校改革のために学校閉鎖をすることになった。学校の管理主義を批判するビラを校門でまき、定期試験を中止させ、教育委員会や県、学校当局に反省させるという威圧行為だった。

党や組織幹部の構想では、ピケを張り（見張り役を立てる）ビラを配るのは勤労青少年や夜間定時制高校の生徒たちとし、私のような全日制の高校生たちにはやらせない方針だった。これを知った私は抵抗した。そんな中、工場で働いていた中卒のある青年が、私に言った。「俺たちはこれでいいんだ、警察に捕まっても。でも、水谷さんは違う、たくさん勉強しているから。まずは、俺たちが小さな改革の火を熾《おこ》す。それを、頭のいい水谷さんたちが大きな炎にしてくれたらいい。この国を俺たち貧しい労働者が幸せになれる国にしてほしい」

この闘争で、私は彼とともに最前列に立ち、警察に捕まった。組織の幹部や党の人間で、逮捕された人は誰一人としていない。

このときを境にして、組織を抜けた。それ以来、明日を語る組織の人たちとは、つねに一線を画《かく》し、近づかないようにしている。

四、昭和五〇年代――落ちこぼれにさせられた若者たち

昭和五〇年代になると、日本全体の経済が安定的な成長期に入った。「中流」と呼ばれる階級が生まれ、それまでの「生きるため」という生活から、「ゆとりの中で生活を楽しむ」という時代が始まった。

しかし、多くの中流世帯の親たちは、そのゆとりを子どもたちに投影した。のちの親たちのように、そのゆとりを自分たちの楽しみのために使うというい加減さは持っていなかった。

当時の親たちは、戦中から戦後すぐにかけて青春時代を過ごした世代である。学歴を偏重する社会の流れの中で、多くの親たちは、「せめて高校ぐらいは出てほしい」「どこでもいいから、大学に入ってくれれば」と、子どもたちに勉強を押しつけた。高度経済成長の中、やっと手にしたゆとりある生活で、自分の子どもに少しでも恵まれた将来をと願い、「教育パパ」「教育ママ」になったのだ。

日本中に塾や予備校が乱立したのはこの時期である。日本で「受験戦争」が本格化

した。

この時代の就職や出世、結婚などは、個人の人間としての資質を尊重するよりも、出身大学や出身高校で決められることがほとんどだった。

当然だが、一握りの若者しか、この特権を手にすることはできない。学校によって「落ちこぼれ」と呼ばれる若者たちが、大量生産された。彼らは決して「落ちこぼれた」のではなく、人間の能力のごく一部を活用しているに過ぎない、学校教育についていけなかっただけなのに。

私には教育の世界で最も嫌っている言葉がある。それは、今でも多くの親や教育者が使っている、「やればできる」である。

私は教師としても親としても、人間としても、この言葉を一度も使ったことはない。なぜなら、この言葉は嘘《うそ》だと思っているからだ。どんなに努力してもできないものはできない。人にはそれぞれ「分《ぶん》」がある、つまり、その人間の能力には限界があると考えている。

ただし、それと同時に、人間には無限の可能性もあると思っている。ある若者は野球で素晴らしい才能があるかもしれない、ある若者は高齢者へ優しさを配れる、別の若者は野菜を育てることが得意などと、人には必ず「分」としての才能がある。

若者たちそれぞれが、このように「分」として持っている才能を最大限に伸ばすことこそ、私は教育や子育ての基本だと考えている。それぞれの若者たちが「分相応」の人生を幸せに生きる手伝いをすること。これが教育のあるべき姿だと考えている。

しかし、この時代、多くの親や教師は、それを見失い、若者に「分不相応」の成果を求め、若者を落ちこぼれにし潰《つぶ》していった。

単なる学校の成績だけで、多くの若者の心がずたずたに切り裂かれた。特権を手にした一部のエリートと称される若者も、社会に対しては無関心で、極端な個人主義に陥った。「自分さえよければいい」こんな感覚が、若者たちに蔓延《まんえん》していったのだ。

また、親たちの教育熱を受けて、各都道府県で多数の高校が新設された。

しかし、偏差値によるピラミッド型構造の中で、「底辺校」と呼ばれる荒れた高校が出現した。特に新設された高校が、この「底辺校」の役割を担った。高校中退者も急増し、入学者の半数が一年以内に退学してしまう「底辺校」も少なからず存在した。

高校進学への不安から、中学校でも校内暴力の問題が始まった。この時期の不良と呼ばれた生徒のトレードマークは、リーゼントの髪型と「長ラン」と称する裾《すそ》を長くした学生服であった。どこの中学にも番長と呼ばれる生徒を中心に非行グループができた。

タバコを吸いながら、学校内や町を粋《いき》がって徘徊《はいかい》する。教室の中でも授業に参加せず、トランプやゲームに興じる。気に入らないことがあれば、すぐに「キレて」、机を投げ窓ガラスを割り、教師に暴力を振るう。

彼らは、自らの存在を認めない学校や社会に対峙《たいじ》するために、からだでぶつかっていった。若さゆえの精一杯の自己表現だった。

私が、教師としての人生を歩み始めたのは、この昭和五〇年代後半であった。精一杯突っ張り、権威という権力に盾突《たてつ》きながら生きる、不良と呼ばれる中学生や高校生たちとの触れ合いを通して、彼らをそこまで追いやった社会や学校の一員としてたまらない思いを抱いていた。

彼らの声なき声は、暴力による爆発という、最も哀しい形でしか現れなかったが、そのたびに、どうしたら生徒を退学処分から守ることができるのかと奔走《ほんそう》した。それでも、多くの大切な生徒たちが、学校や教師に恨《うら》みを抱いて、追い出されていった。

私自身にもにがい経験がある。生徒の起こしたある事件で、生徒を退学させるという職員会議の決定に異を唱《とな》え、すべてを報道機関に暴露すると校長を脅《おど》したことで、教師として初めて勤務した女子高校から強制転勤させられることとなった。まだ経験が浅く力も足りず、生徒たちを守ることができなかった。いったい何人の生徒をこの手から失ってしまったことか。

一九八三年（昭和五八年）には、少年刑法犯の検挙人員数が三一万七四三一人に達した。これは、戦後第三回目の少年犯罪のピークであった。しかも、現在に至るまで戦後最悪の状況であった。私は「落ちこぼれにさせられたゆえの少年犯罪多発期」と呼んでいる。

当時の荒れた中学校や「底辺校」と呼ばれる高校に勤める教師にとって、一日一日が地獄のような日々だった。東京都町田市では校内で教師が生徒をナイフで刺すという事件が起きたほどだ。

この時期の非行少年は、「落ちこぼれ」というレッテルを貼られ、教育の世界では「厄介者《やっかいもの》」として追い払われた。多くの中学校では、「触らぬ神に祟《たた》りなし」ということで、登校しなくてもいい生徒として扱った。多くの高校では、除籍、退学処分という形で教育の現場から葬《ほうむ》った。子どもたちは次に進むべき道を提示されることもなく、学校から放り出されたのだ。

あくまで、この子どもたちは社会のルールに従うことのできない特殊な人間であり、そうである以上、社会はこの子どもたちを受け入れない。このような形での切り捨てが当然のごとく行われた。いわゆる「落ちこぼれ」を生み出さない教育の在り方についても問われはしたが、効果的な改革は何も行われなかった。

この当時関わった多くの非行少年たちは、今は仕事を得て、家庭を持ち生活している。日本という学歴を偏重する社会に屈服させられ、中卒、あるいは高校中退とラベリングされ、主に肉体労働や飲食業、風俗業に従事しながら生きている。今でも彼らの権威に対する憎悪《ぞうお》や嫌悪《けんお》は、消し去ることはできない。彼らを見捨てた学校や教師に対する不信感も強いままだ。

彼らは、好きで「落ちこぼれ」になったわけではない。私たち大人が作った社会に様々な理由から順応できなかったために「落ちこぼれ」にさせられてしまった被害者である。私をはじめ当時の大人たちは、加害者なのだ。

彼らを「切り捨てる」のではなく「育てる」ことができなかったのか。学校社会からの切り捨てが、そのまま社会からの切り捨てになってしまうのではなく、別な形で、彼らの自己実現や学習の場を用意することができなかったのか。

さらに、少数ながらも「本職の落ちこぼれ」、すなわち、「暴力団」に入ってしまった者もいる。そんな彼らに会うたびに、なぜ、違う形で人生を作り直すチャンスを与えることができなかったのかと、自責の念にかられる。

それでも、私はあの当時の生徒指導を思い出して幸せに感じることがある。当時は、生徒たちとともに笑い、ともに泣き、ともに生きていられたからだ。一日一日を丁寧《ていねい》に生徒たちと生きていけば、ほとんどの生徒は心を開いてくれた。確かに例外はあったが、生徒と同じ目線の高さできちんと向き合い、話をすれば、価値観は異なるかもしれないが、お互いを一人の人間として認め合い、信じ合うことはできた。

東京・原宿に「タケノコ族」が出現したのもこの頃である。大人たちは奇異の目で彼らを見たが、なぜ彼らがそうせざるをえなかったかを問うことはなかった。

彼らは休みともなれば原色の派手《はで》なコスチュームに身を包み、歩行者天国でディスコサウンドに合わせてステップを踊るという精一杯のパフォーマンスをした。むなしい自己主張であったが、こうでもしなければ、自分が存在していることを社会に認めてもらえないという、彼らの哀れさに気づく大人は少なかった。

さらに、「落ちこぼれ」にさせられた子どもたちの一部は、少数ではあったが、受験戦争に背を向け、また混乱する学校にも背を向け、家に閉じこもった。「不登校」

問題である。この問題が、日本社会で始まったのは、この時代である。当時の学校は、なんとしても不登校となった生徒を学校に呼び戻そうとした。その圧力の中で、自ら命を絶つ生徒までいた。

そのような中、当時の文部省は、とんでもない指示を出した。「無理をして学校に行かせなくてもよい」。このひと言が、現在に至る大変な問題の原点となった。「無理をして、今通っている学校には行かなくてもよいが、このような別の学校や場所がある」と、行ける学校や場所を作ることもなく、このように発言した。その結果、家庭にいるしかない子どもたちが、作り出されてしまったのだ。

この若者たちの一部が、その後も社会復帰することができず「ひきこもり」となった。これが現在、日本が抱えている「八〇五〇問題」だ。すなわち、ひきこもりの子どもが五〇代を迎え、その子どもたちを経済的に支え続けた親が八〇代となり、支えることができなくなるという問題の原因となっている。

五、昭和六〇年代〜平成六年——消費者となった若者たち

昭和六〇年代に入ってから、一九九〇年（平成二年）までは、「バブル経済」の時代だった。地上げによる地価の高騰を背景に、企業だけでなく、多くの国民が金儲《かねもう》けに走った。自らの所有するマンションや家を担保に、銀行から融資を受け、株や土地を購入する。購入した不動産を担保に、さらに借金を重ねて不動産を手に入れる。すべて金、金、金が支配する時代だった。

企業は「大量生産」「大量消費」という、現在に続く生産形態へと転じた。日本中が前代未聞の好景気の中で、拝金主義に陥った。そして、人々は「遊び」を覚えた。多くの大人たちは、夜になればスナックやカラオケに繰り出し、休みになれば行楽地へと車を走らせた。日本で外食産業が急激に発展したのはこの時期である。「遊び」を最も享受したのは、当時「新人類」と呼ばれていた二〇代の若者たちであった。ディスコやカフェバーと呼ばれる新しいスタイルの若者向けの店で遊びに耽《ふけ》った。大都市のベイエリアの一流ホテルは、クリスマスイブには彼らの予約で満室とな

った。夜の町も、それまでの中年サラリーマン向けの赤提灯《あかちょうちん》の店や居酒屋がどんどん減り、若者向けの店に取って代わられた。

この時期に、社会は高校生を非常に便利な労働力として位置づけた。必要なときに安い時給で必要な人数だけを集めることができ、不要になればいつでもすぐに首にできる。そんな都合のいい労働力として、彼らをどんどん雇用した。町の至るところで、高校生のアルバイトを見かけることとなった。

こうして高校生たちは金を手にした。生活のためではなく、自由に好きな物を手に入れ、好きなことに使える金を。高校生が消費者と化していった。

多くの高校生たちは学生、つまり「学ぶことを生きる」人であることをやめた。若者たちの意識の中で、高校や大学は人間を磨《みが》く教育機関から、単なる将来のための資格取得機関へと変化した。家庭も一家団欒《いっかだんらん》の場から、単なる一夜の宿へと変わっていった。社会全体が、若者たちへの教育力や指導力を急速に失っていった。

私はこの頃、横浜でも有数の受験校と呼ばれる高校で教師をしていたが、生徒たちの変化に不安を感じていた。

それまでは、成績のよい生徒でも不良と呼ばれる生徒でも、私と二人で話す機会を持てば、自分の考えや思いをストレートに熱く語ってくれる生徒たちが多かった。私が教師だということで、最初は言葉を選んで話していた生徒も、つき合っていくうちに心の中までさらけ出してくれるようになった。

しかし、この頃から、生徒たちとの会話が成り立たなくなったのだ。それどころか、何を語りかけても反応の鈍い生徒が増えていった。当初、私が三〇代となり一〇代の生徒たちとの年齢の隔たりが原因ではないかと考えた。しかし、仲間の教師の話からも、同様の状況が伝わってきた。

私がいくら語りかけても、「わかんない」「別に」という言葉で、すぐに自分を見つめ直すことから逃げてしまい、ただ日々を漠然と過ごす生徒の急増に恐怖心さえ覚えた。この状態は生徒会活動など、生徒の自治活動の低迷という形でも表れた。しかし、多くの教師たちは、特にこのことに問題意識を持つこともなく放置してしまった。

一九九一年（平成三年）に「バブル経済」がはじけ、「平成大不況」と呼ばれる不景気に突入すると、企業社会は、高校生をはじめとした若者たちを重要な消費者として認知し始めた。

不況の中で購買意欲を失い、それどころか、バブル時代の借金で生活苦にあえぐ大人たちに代わって、アルバイトで手にした金を惜《お》しげもなく使う若者たちが消費者としてもてはやされた。大人たちと違い、彼らは「生活」という重たい二文字を背負ってはいないから、手にした金は自由に自分のために使うことができたのだ。

彼らの金をターゲットに、若者向けの様々な商品が開発され、売り出された。テレビから流れるコマーシャルは、それらの商品を手にすることが若者にとって、さも「ナウい」ことであるように煽《あお》り続けた。ポケットベル、携帯電話、ＰＨＳ、化粧品、バイクなど次々と若者向けの商品が発売された。そして、「金があれば楽しいことがなんでもできる」という風潮が、若者たちの間に広まっていった。

有名な高級ブランドのバッグや装飾品を手に入れるために、金をさらに必要とする女子高校生たちに、テレホンクラブやデートクラブなどの風俗産業までが目をつけた。女子高校生たちにとっても、安易に多額の金を手にできるアルバイト先は他にはなかった。

こうして、テレホンクラブやデートクラブを通しての売春や、女子高校生自身が売春相手を探す「援助交際」が、社会全体の大きな問題となった。


当時の東京都の調査では、東京の女子高校生の七％強が、援助交際の経験があると答えている。これは、なんという数字であろう。しかし、これが現実だった。若者たちは「遊ぶ」ことの楽しさを覚えてしまった。そして、より楽しいことを求めて、その「遊び」をエスカレートさせていった。テレビやゲームから夜の町へ。酒やタバコからドラッグへと。

彼らは、この「遊び」の中で満たされていたのだろうか。友だちのポケットベルに必死にメッセージを入れたり、携帯電話やＰＨＳで連絡している姿を見て、私にはそうは思えなかった。

一人でいるときの寂しそうでうつろな目、つねに誰かと接触していないと生きられない弱さ、私は彼らの中にこれを見た。遊べば遊ぶほどむなしさを感じ、そのむなしさを向こうに追いやるために、さらに遊ぶ。私はそんな彼らを見て哀しかった。

多くの親や大人たちは眉《まゆ》をひそめ、この若者たちを見ていたが、なんの対処もできなかった。学校も無力だった。

また、この時代には、少年非行の形態が大きく変わり始めた。私がこの変化に気づいたのは、多発する学校での集団的な「いじめ」の問題からである。

かつてのようにガキ大将グループがいじめっ子となり特定の子どもをいじめるというのではなく、集団で、ある場合はクラスの大多数で、特定の子どもをいじめる。その「いじめ」には確固たる理由はない。ただ「みんながいじめているから」というだけだ。そして、不登校やひどい場合には死にまで追い込んでいく。

このようないじめ多発の流れの中で、私は教育の現場で「普通の子」と呼ばれる大多数の生徒の変化を感じた。この子たちは大きく四つに分けられる。自らが「いじめられない」ためにいじめる子、自らの家庭や学校での様々な鬱憤《うっぷん》を晴らすためにいじめる子、単なる愉快な遊びの一種としていじめる子。そして、いじめを身近に見ても傍観者として留まる子の多さに、心配とともに不安を覚えた。

言い換えれば、「優しさ」や「思いやり」を自らの人生の規範として生きようとする生徒たちの数が激減し、一時的な「楽しさ」や「充実感」だけを求めて生きる生徒たちが急増したということだ。

それとともに、まじめさを「ダサい」と考える生徒たちも増えてきた。自分のなす行為が他者にどのような影響を与えるのか、また、自分にどう返ってくるのかを考えず、ただ、今が楽しければいい。多くの生徒たちが、こう考え始めたのだ。

夜の町も変わり始めた。昭和六〇年代の「バブル経済」スタート直後には、コンビニエンスストアの前や人目につきにくい街角、公園などにたむろし、夜を過ごしていた若者たちが、平成の時代に入ると町の中心部、繁華街へと活動場所を移してきた。最初は、大人たちの目を盗み、町の暗い片隅でおどおどとしていた彼らも、大人たちが彼らに干渉しないことや、ときとして大人たちが彼らを恐れていることに気づくと、堂々と夜の町を占拠していった。

時期も最悪だった。彼らを補導し取り締まるべき警察は、日本中に衝撃を与えたあの「オウム真理教事件」の捜査のため、夜の町の補導にまで手が回らなかったのだ。

そして、このような若者たちの一部が徒党を組み、「チーマー」と呼ばれる集団を作った。集団の目的は、「楽しく遊ぶ」ことで、彼らの中には、暴走族のような厳しい掟《おきて》はなく、上下関係もほとんどない。そのため、仲間意識が非常に希薄である。彼らはときとして触法行為や犯罪を犯す。しかも、衝動的に行動した。

金がなければ、「オヤジ狩り」と称して中年の男性を襲い、暴行し金を奪う。嫌なことがあったと言えば、路上生活者の人たちに集団で暴行を加え、ときには死に至らしめる。また、集団で女性を襲い、暴行する。

私は当時、「チーマー」に属する生徒たちの生徒指導を多数行っていた。中には、恐喝や強盗で警察に逮捕された者もいたが、彼らに共通するのは、一人ひとりにすると非常に線の細い、弱い若者という点である。

それまでの暴走族の若者たちとは異なり、彼らは警察に捕まれば、突っ張り抜くこともなく、すぐに仲間の名前を自白する。それどころか、仲間のせいにし、責任を仲間に押しつけることで、自らの罪を少しでも軽くしようとする。そして、警察でも、少年鑑別所でも、家庭裁判所でも、模範的なよい子となることが多かった。

私の目から見ても、彼らの「ワルさ」は、演じている「ワルさ」に過ぎなかった。

自分をカッコよく見せたいという欲望の中で、彼らが選んだカッコよさは「ワルを演じる」ことであり、一人でやるのは怖いために集団を作ったのだ。でも、集団になったことで、その中で目立つためにはさらに増幅《ぞうふく》した「ワルを演じる」必要がある。当時の私には、そう思えた。

この頃、茶髪に染め、マニキュア・口紅などの化粧をし、耳にピアスを開ける女子生徒が増えていった。これは今に続いている。

彼らは臆することなく、どこでも堂々とタバコを吸い、大人の目を意識しない。彼らがたむろした後には、ジュースなどの空き缶やペットボトル、タバコの吸い殻、そしてつばが散乱する。彼らの生活の中心は、彼らを拘束している学校や単なる寝床でしかない家庭から、放課後の町へ、さらに夜の町へと変わっていった。

このことは、一部のマスコミの興味本位の報道によって即座に一つのブームとなり、全国各地へと広がっていった。

この時代こそ、私が「夜回り先生」として最も忙しかった時期である。毎晩のように、定時制高校の勤務が終わると繁華街に出て、若者たちに声をかけ、帰らせた。ときには補導もした。

若者が問題行動を起こす原因はなんだったのだろう。私は日本の「バブル経済」がはじけたことが、大きな要因だと考えている。「バブル経済」の崩壊後は金融機関の破綻《はたん》が続いたこともあり、多くの企業がその活動を縮小し、大不況を迎えた。

大人たちはこの大不況の中で追い込まれ、いらいらしていた。そのいらいらが学校でも家庭でも、最も弱い子どもや若者たちのところに集積されていった。その結果、彼らは、それを「いじめ」や「非行」の中で解消するしかなくなった。哀しい負の連鎖が、今に至るまで続いている。若者たちの問題行動の原因は、ここから始まったと言っても過言ではない。

また、この大不況は若者たちをも直撃し、社会人としての将来に大打撃を与えた。高校生や大学生の就職難に拍車がかかり、就職大氷河期を迎えることとなったのだ。

政府は企業の再生を第一とした。企業は大規模なリストラと併用して、それまでの終身雇用制を柱とした正規雇用から、派遣社員や期間労働者などの非正規雇用へと舵《かじ》を切った。これは企業にとっては労働コストの削減になるので延命策だが、就労する人たちにとっては非常に不安定な雇用形態となった。また、正規就労は大変厳しくなってしまった。

このような背景の中で、安定した明日を夢見ることのできる正規社員になれなかった高校卒業や大学卒業の若者たちが急増した。この人たちは「フリーター」と呼ばれ、二〇代や三〇代はアルバイトや一時的雇用で、生活をなんとか維持してきた。また、「ニート」と呼ばれ、社会から離されながらも、親の世話になり生きている人たちも多い。

今、この人たちの多くが、四〇代、五〇代を迎えている。正規社員としてのキャリアがないことや年齢の制限などによって就労の機会を失い、孤立し、ひきこもりとなっている人が非常に多い。支える家族がいない人の場合は、多くは福祉事務所が動き、生活保護からスタートし、その就労を支援している。

しかし、家族がいるケースでは、ほとんどの場合、放置されている。そして、親たちは八〇代を迎え、もはや子どもの生活や人生を支えることができなくなっている。

こうして、日本の「八〇五〇問題」の根本的な原因が作られた。

六、平成七年〜平成一五年——ドラッグ世代の誕生

一九九五年（平成七年）、大変な事態が起きてしまった。若者たちのドラッグ、特に覚せい剤乱用問題である。

それまでも、シンナーは一部の若者たちの間で乱用が広がっていた。シンナーを吸引すれば、「ラリる」という状態になり、一定時間陶酔感《とうすいかん》に浸《ひた》ることができる。

シンナーは、暴力団からその後輩である暴走族の若者たちや密売人の手で、若者たちへとその魔の手を広げていた。ただ、その広がりは非行集団の若者たちの間に限られ、一般の若者たちの間には波及しなかった。

また、私たち教師にとってシンナーは、その独特の臭気から乱用者をすぐに特定できるため、医療や司法へとつなぐことが可能なドラッグであった。

それが、乱用者を特定しにくい、また、日本にとって史上最悪のドラッグである覚せい剤へとこの時期に移行していった。その乱用者をごく普通の生徒たちの間まで広

げて。

この原因は、一九九一年（平成三年）の「暴力団対策法」の制定である。当時、暴力団の資金源は三つあった。

一つ目は、経済暴力―総会屋、企業乗っ取り、地上げなど。

二つ目は、民事介入暴力―交通事故示談介入やみかじめ料（暴力団が飲食店などから徴収する場所代や用心棒代）など。

三つ目が、売春や薬物、ドラッグの密売である。

この「暴力団対策法」は、このうちの二つ、つまり経済暴力と民事介入暴力を厳しく取り締まるものだった。その結果、暴力団は、売春と特に薬物、ドラッグの密売に集中的に取り組むこととなった。そして、その対象となったのが、当時夜の町を占拠していた高校生などの若者たちであった。

暴力団は狡猾《こうかつ》だった。自ら夜の町で密売することなく、西アジア系を中心とする外国人たちを売人に仕立て上げた。しかも、覚せい剤に「スピード」「エス」「やせ薬」などの新しい名前をつけて売ったのだ。

また、それまでのような注射器による使用法ではなく、銀紙やガラスパイプを使用した「あぶり」と言われる新しい使用法まで広めていった。

若者たちの間でのドラッグ乱用は、いわば感染症である。集団の一人にドラッグが入ってしまえば、その集団全体に感染していく。みんなで乱用すれば、警察に密告される危険は減る。また、集団のプレッシャーの中で、使用しなければ仲間はずれにされてしまうから。瞬《またた》く間に、若者たちの間に覚せい剤の乱用が広まっていった。「ドラッグ世代」の誕生だった。

この状況が白日の下にさらされたのは、私が高校の教師をしていた神奈川県であった。

一九九六年（平成八年）四月に、コンビニエンスストアで万引きをし、逮捕された県立高校生のポケットから約一〇gの大麻が見つかった。県警による事情聴取の中で、乱用していたドラッグが、大麻だけではなく覚せい剤まで含まれていたことが明らかになり、その証言から、県内全域で数十名の高校生たちが逮捕されることとなった。

私はそのとき、生徒指導担当としてその渦中にいたが、名前の挙がった高校生たちは、四〇〇人弱にも及んだ。

この事件は、日本中に衝撃を与えた。その後も若者たちによる覚せい剤の乱用は減少することがない。しかも、覚せい剤のみならず、危険ドラッグ、大麻、コカインとその種類を増やしながら、現在に至るまで広がっている。

ドラッグは、「夜回り先生」と呼ばれる私にとって最も憎い敵になった。その原点は、私が一人の若者を殺してしまったことにある。彼との出会いが私の人生を変えた。私とドラッグとの戦いの出発点だ。

私は夜遅くに地元・横浜の山下公園を「夜回り」していた。そこで出会ったのがマサフミだった。

彼は公園の植木の陰に座り込み、空き缶にシンナーを入れて吸っていた。目の焦点が定まらず、とろっとした顔つきで、立つこともできなかった。

私が彼の散らかした吸い殻を片づけながら近づき、彼の横に座ると、彼はにらみつけてきた。「おい、行けよ」きつい言葉に、ただ、「やだよ」と答えていた。でも、何か自然にわかり合えた。

朝日が昇る頃、私の車に乗せ、家まで送っていった。彼の家は下駄《げた》履《ば》きアパート、トイレは共同、風呂もない六畳一間の部屋で、お母さんと二人の生活だった。彼を布団《ふとん》に寝かせ、お母さんと彼の枕元で昼頃まで話し込んだ。マサフミの父親は暴力団員だったこと、マサフミが三歳のときに暴力団同士の抗争で殺されたこと、それからは二人で生き抜いてきたこと、生活は貧しくても幸せな親子だったことなどを聞いた。

しかし、マサフミが小学校五年生だった八月、お母さんが病気で倒れ、寝たきりになった。そのお母さんを助けたのがマサフミだった。電気もガスも止められた中、コンビニやお店を回り、廃棄するお弁当をもらいながら生きた。また、余った給食のパンや牛乳を犬にやるからと言って給食のおばさんからもらい、生き抜いた。

そんなときに同級生からいじめにあい、助けてくれたのが同じアパートに住む暴走族のお兄ちゃん。そのまま暴走族に入り、非行へ、シンナー乱用へと堕《お》ちていった。

次の日から、マサフミは私と暮らし始めた。一週間から一〇日、私とともにシンナーなしで暮らした。そして、「お母さんが寂しがっているから」と言って家に戻れば、またシンナー乱用に逆戻り。これを三ヵ月近く繰り返した。どうしてもシンナー乱用をやめることができなかった。

六月二四日の午後九時頃だった。私の学校に訪ねてきたマサフミは「先生じゃ、俺、シンナーやめられないよ。病院に連れてってくれよ」と言った。新聞の切り抜きを私に見せながら、「ここに書いてあるんだ。シンナーやドラッグをやめられないのは、依存症という病気で、専門病院の治療でなくては治らないって。水谷先生じゃ、無理なんだ」と続けた。

私はこのひと言に傷つき、冷たくあしらった。弟のようにかわいがった彼に、裏切られた気がしたからだ。こんなに面倒を見ているのに、こいつは……。怒りが私の心を曇らせた。

「今夜、先生の家に行ってもいいだろ」とまとわりつくマサフミに、「今日は、警察との公開パトロールがあるからだめだ」と嘘をつき、午後一〇時過ぎに帰らせた。

エレベーターホールまでとぼとぼと歩いて行くマサフミ。少し行ったところで、振り向きざまに私に叫《さけ》んだ「水谷先生、今日冷てぇぞ！」。これが彼の最後の言葉だった。償《つぐな》っても、償っても、償えない、私が一生背負っていかなくてはならない言葉だ。

彼は、その四時間後の午前二時、ダンプカーに飛び込み命を失った。シンナーを乱用していたため、車のヘッドライトが何か美しいものにでも見えたのだろう。手で光を摑《つか》むようにして飛び込んだそうだ。事故死だった。

まだ忘れない、お母さんと二人でマサフミのお骨を拾ったときのことを。お母さんの「シンナーは、うちの子を二回殺した。一回は命を。二回目は骨まで奪った」、この叫びを忘れることができない。お骨はほとんど出なかった。長年のシンナー乱用でマサフミの骨はぼろぼろだった。

私は、教師生活を続ける資格が自分にあるとは、もう思えなかった。教師を辞《や》めようと荷物をまとめていたとき、彼が最後の日に置いていった新聞記事が目に入った。「そうだ、教師を辞めてただの人になったら相談できない。教師の肩書があるうちに相談に行き、もう一度自分の犯した過《あやま》ちを整理しておこう」と、彼の死のちょうど一週間後にその病院、せりがや病院を訪ねた。

そこでは、院長先生が会ってくださり、話を聞いていただいた。私の話を聞き終わった院長先生が発した言葉を、私は一生涯忘れることはない。

「水谷先生、彼を殺したのはあなただよ。いいかい、シンナーや覚せい剤などのドラッグをやめることができないというのは依存症という病気なんだよ。あなたは、その病気を愛の力で治そうとした。しかし、病気が愛の力や罰の力で治せるのですか。たとえば、四二度の熱に苦しむ生徒を自分の愛の力で治してやると、抱きしめて熱が下がるのですか。あるいは、お前の根性がたるんでいるからそんな熱が出るんだと、殴って熱が下がるのですか。その病気を治すために、私たち医師がいるのでしょう。無理をしましたね」私は、目から鱗《うろこ》が落ちたような気がした。

さらに、院長先生は「水谷先生、あなたはとても正直な人だ。教師を辞めようとしているでしょう。でも、辞めないでほしい。これからも彼のようなドラッグの魔の手に捕まる若者がたくさん出るでしょう。それなのに教育に携《たずさ》わる人でこの問題に取り組んでいる人はほとんどいません。ぜひ、一緒にやっていきませんか」と言ってくださった。これが、私とドラッグとの戦いのスタートだ。

しかし、思えば、ドラッグとの戦いは敗北の連続だった。私は現在までに六四名の尊《とうと》い命をドラッグで奪われている。

「夜回り」をしていた私は、ある不思議な少女と知り合った。

この頃の私は横浜駅西口、特に「五番街」と呼ばれる繁華街を、週末は必ず「夜回り」していた。そんなときに、若者たちから「ナンパ橋」と呼ばれる有名な場所で、私に声をかけてきたのが彼女だった。そこには、多くの女の子のグループが、男の子たちからナンパされるのを待ってたむろしていた。しかし、彼女はたった一人で、私も知っている有名な私立高校の制服姿で立っていた。ルーズソックスに短いスカート、唇《くちびる》には口紅というお決まりのスタイルで。

「おじさん、私、今暇なんだ。どっか遊びに連れてってよ」

これが、彼女が私にかけた言葉だった。

私はいつも厳しい顔をして、「夜回り」していた。私の生徒たちに言わせると、どこからどう見ても「マッポ」の目、つまり、警察官のような目をしているそうだ。だから、私にこのように声をかけてくる若者などいなかった。

私は彼女の横に座り、「こんな時間に、こんな場所にいたら危ないよ」と話すと、すぐに彼女は警戒し、「おじさん、もしかしてやばい人?」と、逃げ腰になった。「やばい人って、暴力団、それとも警察かい。どちらでもないよ。どういうわけか、教師なんだ」そう答えると、「なんだ、スケベ教師か」とケラケラ笑い、「先生って、スケベが多い割に、みんなカッコつけるんだよね。私の中学時代の先生だって、私たちが教室で着替えていると、『お前たち遅いぞ』なんて言いながらのぞきに来るんだ」

私は苦笑しながら、車で来ていることを伝え、彼女を助手席に乗せた。

そして、所轄の警察署へと車を走らせた。その駐車場で、もし、警察に補導されるのが嫌なら、自宅を教えるようにと伝えた。

彼女は、「やっぱ、警察か。捕まえるのなら、捕まえればいい。悪いことなんてしてないんだから！」と怒鳴った。

私が「君を警察に引き渡す気はないが、見逃がすわけにはいかない。ご両親とも話をしたい」というと、「なんで私だけ？　さっきだって他に援交やってる子たくさんいたのに。それに、親に話したって無駄だよ。親は親で楽しんでいる。私のことは放任！」と食ってかかった。そして、「うざったいんだよ、帰る！」そう言って、車から飛び出し、走り去った。

もう一度彼女と会うまでに、それほど時間はかからなかった。

その一週間後、「夜回り」の後、警察署に立ち寄ると、補導された彼女がいた。彼女が座っている長椅子《ながいす》のそばに行くと、「なんだ、おじさんか。私、運が悪いんだよ。先週がおじさんで、今週がマッポ」と笑いながら話した。

そこで、朝まで私は彼女と話した。どれだけ、彼女のしていることの危《あや》うさを話しても、「私は誰にも迷惑はかけていない。自分の人生は自分のもの。なんで、文句《もんく》言われなきゃならないの？」と聞く耳を持たなかった。そして、朝方迎えに来た両親と帰っていった。


次に彼女と会ったのは、なんと薬物依存症治療の専門病院だった。最初の出会いから一年の月日が流れていた。

私がその病院に入院している生徒の面会に訪れたところ、彼女が母親と待合室にいたのだ。「なんでこんなところにいるんだい？」と聞くと、「家でポケットに入れてたエスが見つかっちゃって、ここに連れてこられた。遊びだし、深入りしたらやばいことは知っているから、めったにやってない。病院なんかに行かなくても大丈夫って言ったのに」

すぐに、彼女の名前が呼ばれ、「じゃあね、先生」そう言って、母親と診察室へと消えていった。

それ以来、彼女と出会うことはなかった。今、もし元気に生きているならば彼女は四〇歳。どんな人生を過ごしているのだろう。

当時、彼女のような女子高校生はたくさんいた。

彼女たちは、家庭や学校で満たされないということをなんとなく感じている。しかし、それがなぜなのか、どうすれば満たされるのかをきちんと考えることはしない。そして、満たされない心を「遊び」で忘れるために夜の町に出る。その「遊び」にかかる金を稼《かせ》ぐために、援交でからだを売る。また、簡単に覚せい剤などのドラッグに手を出し、ひとときの快感を求める。

彼女たちは一様にこう言う、「親や大人たちを見ていると、暇もないし、遊びもできない。なんのいいこともない。だから、今のうちにできる限り遊んでおくんだ」と。

当時私は、このような若者たちが一番の悩みの種だった。いくら話し合っても、平行線で、こちらの言っていることは頭では理解してくれるが、心には届かないのだ。仮に怒鳴ったところで、本人自身がまったく問題意識を持っていないのだから、喧嘩になるか無視されるだけである。

彼女たちは決して悪い子ではない。ごく普通の子どもである。しかし、私たち大人とはまったく異なる価値観を持ち、まったく異なる世界を生きている。彼ら彼女らに共通するのは、「軽さ」だった。言葉も行動もすべてが軽いのだ。ただ、今が楽しければいい。それだけだった。

あの時代、こんな若者とも関わった。

彼は非常に有名な私立高校の一年生だった。父親は会社を経営していたが、私の高校時代の親友の叔父だった。

彼は中学時代から夜の町に繰り出し、マリファナ、覚せい剤、コカインとありとあらゆるドラッグに手を染めた。しかし、成績が優秀であったことから両親も気づかず、放任していた。

ところが、高校に入学すると女子中学生を妊娠させ、そのうえ、覚せい剤まで彼女に与えていたことが発覚した。相手の親が彼の家に怒鳴り込み、彼の両親はすべてを知ることとなった。

両親が彼にどんなに話しても、どんなに説教しても、なんの効果もなく遊び続けた。困り果てた両親が私の親友に相談し、私が紹介され、彼と会うことになった。


私の学校に、父親によって無理矢理連れてこられた彼は、迷惑そうだった。挨拶《あいさつ》をし、「君は、なぜここに連れてこられたのか、わかってるのかい」と聞くと、「ドラッグのことでしょ？　でも、別に警察に捕まってはいないし、ドラッグとは、ちょっとおつき合いしているだけで、深い関係はない。それに、勉強もちゃんとしているし、親に迷惑はかけていないから」と答えた。「じゃあ、聞くけど、中学生の女の子を妊娠させたことは、親に迷惑をかけたことにならないのかい」と問い返すと、「あれはミス。悪かったと思ってる。でも、あの子のほうから誘ってきたんだ」と反論した。

彼が話しやすいように、父親には別室に移ってもらい、会話を続けた。

「私がその件で言いたいのは、彼女を妊娠させたことより、君たち二人の間にできた子どもを中絶したことだよ。君は一つの命を奪ったんだよ。君の無責任な生き方が、こんな結果を招いてしまった。君も一人の人間なら、なぜ子どもを殺さず、育てようとしなかったんだ。君たちの年齢では、結婚することはまだできないが、働いて育てることはできたはずだ」

「そんなの無理だよ。まだまだ遊びたいし、したいこともたくさんある。親だって、中絶には賛成だった。それに、先生は命って言うけど、生まれてくるまでは物と同じだよ。考えることもしていないし、自分が死んだことだってわからないんだから。それに、無責任って僕に言うけど、僕はやることはやっている。成績だっていいんだ。誰かに迷惑をかけてるわけでもない。親父《おやじ》から聞いたけど、先生はクスリの専門家なんだってね。クスリだって、確かにいろいろ手は出しているけど、遊びだよ。馬鹿な奴らみたいにはまっていない。ほどほどに楽しんでるだけだよ。毎日が勉強、勉強だけでは、疲れるからね」

「でも、彼女のこともそうだし、ドラッグのことも、すべて君は社会の決まりである法律に背《そむ》いているんだよ。それに、彼女や彼女のご両親の心を、ぼろぼろにしているんだよ」

「それは、おかしいよ、先生。政治家だってみんな悪いことをしているじゃないか。

僕のやっていることは、他人には迷惑をかけていない。僕がクスリを使って、誰が迷惑するの。うちの親父だって、ここに来る途中、スピード違反していた。あれだって、立派な法律違反だ、同じじゃないか。捕まらなければいいんだよ。彼女だって、勝手に僕を好きになったんだ。別に好きになってくれと頼んだわけじゃない」

「君の言うことは、わからないわけじゃない。でも、私が聞きたいのは、他人が何をしているかではなく、君自身が自分のやっていることに対して、どう思っているかなんだ。政治家が何をしようが、君のお父さんが何をしようが、今は、問題外だ。問題は、君が今の君をどう思っているかなんだ」

「僕は、今の僕を気に入ってるよ。今回はしくじったけど、他はすべてうまくいっている。この調子でやっていけば、そこそこの大学には入れるし、その後だって、まあ、他の奴らより、ずっとましな暮らしができるはず」

「でも、むなしくないかい。人間は生まれてきた以上、必ず死ぬ。一生をそんなふうに生きて何が楽しいんだろう。私にはわからない。もし、君がそうやってこれから先も生きていったとして、君の人生に何が残るんだろう。いつか君が死に直面したとき、自分に問わざるをえないのは、自分がどう生きたかだと思う。そのとき、君は、どう思うんだろう。彼女のことだって、君を愛した人だろう。その人を大切にしようとは思わないのかい？」

「そんなの、今わかるわけないよ。大人になってから、考えてみるよ」

不毛なむなしい会話が続いた。


当時から、このような若者たちが増えていた。そして、この流れは、現在まで続いている。誰も見ていなければ、タバコの吸い殻や空き缶を道路に捨てる。警察がいなければ、平気でスピード違反をする。自分さえよければいい。

彼は恵まれた家庭環境に生まれ、優れた能力も持っている。欠けているのは、彼自身の良心だけである。良心という言葉は、抽象的でわかりにくいかもしれない。言い換えれば、他者に対する優しさと自分の人生に対するまじめさである。

彼は自分の都合しか考えない。また、今のことしか考えない。彼にとって、他者はまったく関係のない存在であり、未来は作るものではなく、勝手にやってくるものだと思っている。

必死になんて生きなくても、そこそこの暮らしができればそれでよい。だから、今を遊ぶ。夜の町を遊び、他者の心を弄《もてあそ》び、ドラッグを楽しむ。

この時代は、こんな若者たちを量産してしまった。

七、平成一六年〜現在——壊されゆく子どもたち

二〇〇四年（平成一六年）頃から、若者たちが大きく変わっていった。

夜の町から、若者たちが消えたのだ。全国の地方都市を週末「夜回り」しても、若者たち、特に中学生や高校生たちと一人も出会わないことさえある。

同時に、少年犯罪は減少へと転じ、各地の暴走族も消滅していった。中学校や高校では、荒れる子どもたちを見ることがほとんどなくなった。

その原因を述べる前に、まずは、この社会についての本質的な問題を語りたい。

どのような時代においても、私たちの社会は、つねに様々な矛盾や問題を抱えている。ほとんどの大人たちは、特に政治家や官僚などの優位的立場にいる人たちは、それらの矛盾や問題にぶつかりながらも、目をつぶるか、解決するふりをして生きてい

く。彼らは利口である。社会の矛盾や問題を解決しようとぶつかって傷つくことより、それを受け入れることを選ぶ。

大人たちは、よほどの個性や正義感を持つ人でない限り、今ある社会の中でしか生きることができないことを知っているし、その中で小さな成功を求めて生きていく。言ってしまえば、ずるいのだ。

ところが、若者たちはこの大人の狡猾さを持っていない。若者たちは社会の様々な矛盾や問題にぶつかり、打ちのめされ、傷だらけになる。彼らにとって社会は、そびえ立つ乗り越えることのできない高い障壁だ。それゆえ、彼らは社会に背を向ける。


前に述べたように、戦後のある時代には、その壁を壊そうと純粋な心で戦った若者たちがいた。ある時代にはその壁、つまり社会に背を向けて、自分の生き方を追求する若者もいた。またある時代には、そこから逃れようと、法を犯してまで一時の戦いに生きた若者たちもいた。

しかし、そのすべての時代の若者たちは敗北した。そして、最悪の時代が始まった。それが現在である。

社会のゆがみは、最も弱い人間のところに大きな影を落とす。子どもたち、若者たちの生み出す問題は、私たちのゆがんだ社会の問題を顕在化している。しかし、そのことに気づいている人は少ない。

若者たちの非行やドラッグ乱用を責めることはたやすい。しかし、まず大事なことは、根本原因を探ることではないのか。

若者たちをこのような問題へと追い込んだのは誰なのか。私たち大人ではないのか。私たち大人が営々として築いてきたこの社会、国ではないのか。

すべての時代を通して若者たちの問題の根底には、私たちが作ってしまったこの社会のゆがみがある。つまり、社会のゆがみに若者たちの性格が壊され、その結果として、現在のような心を病む若者たちが急増しているのだ。これは子どもたちにも当てはまる。それをきちんと理解しない限り、この国に、この国の子どもたちや若者たちに、明日はない。

私が若者たちの大きな変化に気づいたのは、平成一五年だった。

それまでは私が勤務する学校のある横浜や、生徒たちや若者たちが集まる東京の繁華街、渋谷や新宿、池袋を中心に「夜回り」を続けていた。一人でも多くの若者たちを昼の世界に戻したい。その思いだけで、夜の町を歩き回っていた。

その後、少年非行やドラッグ汚染の専門家の一人として、全国各地から講演等で呼ばれることになってからは、北は稚内《わっかない》から南は石垣島、対馬《つしま》まで、その夜を過ごす町で「夜回り」を続けてきた。今もなお続けている。

そして、多くの「夜眠らない子どもたち」、つまり、夜の町を徘徊し、様々な問題行動を起こす若者たちとともに生きてきた。私にとって彼らは大切な生徒たちだった。

そんな私が、この年、九州のある高校で講演をした。講演が終わると、一人の女子が校長室に私を訪ねてきた。

「先生、相談があります」二人きりになると、彼女は泣き始めた。私が、じっと待っていると、彼女は制服の左袖《ひだりそで》をたくし上げた。左腕には無数のカミソリで切った痕《あと》、リストカットの傷痕だった。

「先生、リストカットがやめられない。助けて」私が初めて出会った「リストカッター」だった。

彼女の両親は、彼女が小学生のときに離婚した。その後、父親も母親も再婚したことから、家を失った彼女と姉は、祖母のところに預けられた。しかも、彼女は小学生のときから、姉から暴力を受け、学校ではいじめにあった。そして、中学に入るとリストカットを始めた。それに気づいた祖母が、心療内科に連れていくと、今度は医師から処方された向精神薬を一度に何十錠も飲み、つらい状況からひとときでも逃れようとした。

そして、高校生になり、自死を考えていたときに、偶然にも、私が彼女の学校で講演をした。その講演を聞いた後、私に最後の望みを託して相談に来たのだ。この真剣な訴えに、

「私の専門は、子どもたちの非行、犯罪、ドラッグ乱用。私に何かできるかはわからない。でも、勉強してみる。一緒に生きてみよう」と答えていた。

私はこの問題に取り組み始めた。そして、愕然《がくぜん》とした。私が毎晩のように「夜回

り」を繰り返し、非行や犯罪に手を染める「夜眠らない子どもたち」とともに生き合っているその同じ時間に、暗い部屋で明日を見失い、自らを傷つけ、死へと向かう多くの「夜眠れない子どもたち」がいる。その存在に気づき、その数の多さに圧倒された。「夜眠れない子どもたち」、すなわち「心を病む子どもたち」の時代が、始まってしまった。

そして、私は、一つの壁にぶつかった。「夜眠らない子どもたち」と出会うことは簡単だった。夜の町をただひたすら歩き回っていれば、いつかは出会うことができる。

しかし、暗い部屋で苦しむ子どもたちとは、この方法では出会うことはできない。私はマスコミの力を借りることにした。

じつは、以前から私には数多くのテレビ局や番組から出演依頼が寄せられていた。しかし、それらはすべて断っていた。そっとしておいてほしかったからだ。

私にとって大切なのは、夜の教室で夜間定時制高校の生徒たちに、熱く授業することと、ただひたすら夜の町を歩き続け、明日を見失った子どもたちと関わり、その子どもたちの明日を拓《ひら》く手伝いをすることだった。

「出る杭《くい》は打たれる」という格言があるように、テレビに出て有名になれば、必ず、教壇を、学校を追われる。それを避けたかった。しかし、暗い部屋で死へと進む子どもたちに、私が彼らの存在に気づいたことを伝え、彼らとともに生きるには、マスコミの力を借りるしかなかった。結果として、私は最も大切な学校という教壇を失うことになったが、効果は絶大だった。

五つの大きいドキュメンタリー番組を作った。私の関わったドラッグに苦しむ若者たち、夜の世界から逃げてきた若者たち、最初に相談してくれたリストカッターの少女も含めて、多くの子どもたちが協力してくれた。

さらに、二〇〇四年（平成一六年）二月一〇日、『夜回り先生』という一冊の本を世に出した。明日を見失い、自らを傷つけ死へと向かう「夜眠れない子どもたち」に、「水谷という一人の大人が、君たちの存在に気づいたよ。もう君たちは一人じゃない。相談してごらん。明日は来ます。明日は作ることができます。一緒に生きてみよう」その思いを、この本に詰め込んだ。そして「水谷青少年問題研究所」を作り、電話番号とメールアドレスを公開した。

以来、今に至るまで、電話は数えきれず、メールは九九万件を超え、関わった若者たちの数は四九万人以上。日本各地で苦しんでいる子どもたちと、ともに生き合ってきた。「死にたい、助けて」「リストカットがやめれない、助けて」「ＯＤがやめれない、助けて」「親から虐待《ぎゃくたい》されてる、助けて」「学校でいじめられてる、助けて」無限に続く相談に答え続けてきた。

「一人の子も、死なせない」その思いで戦い続けてきた。

しかし、数多くの命を失ってしまった。しかも、その多くは、自死である。一人の子を失うたびに、私は追い込まれた。あのとき、こうしていれば、あのとき、すぐにそばに行っていれば、彼らの笑顔と今も一緒にいることができたのではないか。いつも自分を責め続けた。

それでも、逃げることなく、今までこの戦いを続けてきたのは、多くの子どもたちが夜の世界から逃げ、昼の世界で、幸せに明日を求め始めてくれたからだ。私が潰れそうになるたびに彼らから届く「ありがとう」のひと言。それが私を支えてくれた。

現在、日本各地で暴走族など、暴れ回る若者たちはほぼ皆無となった。また、中学校や高校で暴力を振るう子どもたちもいなくなっている。

これは、今の若者たちや子どもたちが、以前のように暴れ回るエネルギーやその気力さえもなくしてしまったからではないだろうか。

しかも、「目力」のない若者や子どもたちが増えている。

ぜひ、家庭で、町で、学校で、子どもたちの目を見ていただきたい。瞳《ひとみ》を輝かせ、今に喜びを感じ、明日を求めて生きている子どもたちをどれだけ見つけることができるだろう。

明日を夢見ることもできず、自分の存在すら見失い、瞳から輝きを失った若者と子どもたちだらけだ。

このままでは、自らの心を殺し、心を病み、ドラッグや一夜の慰《なぐさ》めに救いを求める子どもや、ネットやゲームなどのバーチャル空間でしか生きることのできない子どもたちが、猛烈な勢いで増えていく。それだけでなく、自らを傷つけ死へと向かう子どもたちも増え続けるのではないだろうか。

今、私たちの国日本で、子どもたちが壊され続けている。そして、最悪の状況へと進んでいる。私はそう考えている。

第二章

現代の青少年問題とその背景

この章では、現代の子どもたちや若者たちの問題について、その原因と背景を探ることにしよう。そのためには青少年を取り巻く環境、家庭や学校、日本社会の現状と矛盾《むじゅん》を見つめる必要がある。

一、閉塞的な社会状況と格差社会の中で

一九九一年に、「バブル経済」がはじけ飛び、そして、それからの大不況。これについて、「現在は、すでに日本は不況からは脱し、好景気だ」と述べる政治家や経済人はいる。

しかし、これは一部の富裕層の話である。あの大不況が始まって三〇年近い月日が流れる。その閉塞的《へいそくてき》な社会状況の中で、本当の意味で汗を流しこの国を支えてきた、国民の中の七〇%を占めた中流世帯の一部が、不安定な雇用や増えない収入のために経済的に苦しくなり、貧富の差が極めて大きくなった。格差社会が生まれたのだ。

世界で有数の富んだ国、日本。でもその実態は、子どもたちの七人に一人が貧困に苦しみ、三度のあたたかい食事を摂ることもできず、自らの進学を貧しさゆえに限定

しなくてはならない。こんな矛盾の中にいる。

その影響は顕著に表れている。家庭も、学校も、社会全体も、いらいらしたものとなっている。日々の生活から「ありがとう」「お世話になりました」「うれしい」「きれい」「いいんだよ」という優《やさ》しい言葉が消えていき、その代わりに「何をやっているんだ」「遅い」「急げ」「こんなこともできないのか」「頑張れ」「考えろ」などと、刃《やいば》のように鋭く厳しい言葉が飛び交っている。

学校では、教師が仲間の教師に、「先生は、何をやっているんですか」「そんなことでどうするんですか」と責め合う。また、教師は生徒たちに対して、「こんなことをしていてどうする」「こんな成績では進学できないぞ」と責める。

会社では、上司が部下に、「こんなこともできないのか」「もっと仕事を取ってこい」と責める。

会社で追い込まれ鬱憤《うっぷん》をためた父親は家庭で、「なんだ、飯もできてないのか」「風呂も沸《わ》いてないのか」「うるさい！ テレビを消して部屋に行け」などと、大切な妻や子どもたちを責める。

こうして、会社では「パワーハラスメント（パワハラ）」が増え、家庭では「児童虐待《ぎゃくたい》」、妻や子どもに対しての家庭内暴力「ドメスティック・バイオレンス（DV）」が増えていく。

学校では、子どもたちが家庭や教室で抱えたいらいらを大切な仲間たちにぶつける、「いじめ」が増えていく。

こんな負のスパイラルが、この三〇年近く日本の社会や学校を汚染し続けてきた。


大人はずるい。父親は家庭では妻や子どもに当たり散らし、外で酒を飲んでストレスを解消すればいい。母親も夫の悪口を言ったり、子どもに八つ当たりしたりして、ストレスを解消すればいい。

しかし、子どもたちは逃げることができない。学校と家庭しか生きる場所がないからだ。昼の学校で責められ続け、夜の家庭で叱られ続けたら、子どもたちはどうなるだろう。まさに、この結果が、私たちの目の前に出現している。

今、この本を読んでいる大人たち、特に母親たちにお聞きしたい。もしも、あなたが夫から毎日「この料理はまずい。こんな物が食えるか」『おまえは何をのろのろしてるんだ、こんなこともできないのか」「おまえとなんか、結婚しなければよかった」と言われ続けたらどうなるだろう。

これらは、言われた人の人格を否定する言葉だ。追い詰められ、夜の暗い台所で毎晩酒を飲み、アルコールに依存する。あるいは、携帯電話やメール、ネットで優しい男と知り合い、一夜をともに過ごす。暗い部屋で涙を流しながら、死にたいと思い、自分で自分のからだを傷つける。睡眠剤や精神安定剤などの薬を一度に大量に飲む……。こんなことをしてしまう可能性があるのではないだろうか。

じつは、今、多くの母親が、自分の子どもに対して同様のことをしている。「こんな成績でどうするの」「早くしなさい。何をのろのろしているの」「こんなこともできないの」「おまえなんか、生むんじゃなかった」などの言葉を、日々投げかけている。つまり、子どもたちは人格を否定され、追い詰められているのだ。

絶対に忘れないでほしい。

好きでいじめをする子はいない。いらいらしてそうせざるをえないところまで追い込まれているということを。好きでドラッグを使う子もいない。今の状況から一瞬でも逃げたいから使うのだということを。好きでからだを売る子もいない。ひとときの優しさがほしいからすがるのだということを。好きで自傷したり、死を語り、自ら命を絶つ子もいない。誰かに関わってほしいという心の叫《さけ》びだということを。

今、「大人になりたくない」と言う子どもたちが増えている。でも私には、これは当然のことに思える。

父親は、夜、家に帰れば、上司の悪口や仕事のつらさを子どもたちに語り、つらい顔や苦しそうな姿しか見せない。母親は母親で、父親の悪口を平気で子どもたちに話す。学校に行けば、先生たちは疲れ果てている。町を歩く大人たちを見ても、生活に疲れた姿や無気力な姿ばかりが目につき、輝いている大人を探すことが難しい。こんな大人たちの姿を日々見ていて、どの子が大人になりたいと思うだろう。

大人になり、家族を養《やしな》い、次の時代を担《にな》う子どもたちを育て、社会のため、生まれた自国のために尽くして生きることは、本当はすごく楽しく、その姿は輝いているはずだ。

しかし、今の多くの大人たちは自らの育った時代との大きなギャップに悩み、また、グローバル化してあまりにも大きくなってしまった社会の中に埋没させられ、それを見失っている。


大人になることに夢や希望を感じることができなくなった子どもたちは、哀れだ。明日を夢見ることをやめ、「今」しか考えなくなる。「今」を明日のために使うことをやめ、立ち止まり、「今」をどう楽しむかだけを考える。あるいは、「今」の苦しみを抱え込み、暗い夜の部屋で死へと進む。それだけで生きていく。

私は、これこそが、現在の青少年問題の最大の原因と背景だと考えている。

二、考えることをやめた子どもたち

子どもたちの現状を、さらに詳しく見ていこう。

自分で物事を決定することのできない子どもたちが増えている。ものを考えることができないのだ。そのため、つねに周りを見渡し、マスコミやネットで情報を集め、みんなと同じ行動をする。自分に自信を持ち、自己責任の中で自分なりの行動ができる。こんな子どもたちや若者たちが激減している。

夜の町で、窃盗やドラッグを乱用した子どもたちを補導し、その子どもたちに「なんで、こんなことをしたんだい」と聞くと、答えは「わからない。みんながやっていたから」。派手《はで》な化粧や服装をしている女の子に「どうしてそんな格好をするんだい」と聞くと、圧倒的に多いのは「みんながやっているから」という答えだ。大学の授業で学生に「君は、どうしてそう考えているんだい」と聞くと、「ネットにそう書いてありました」と答える。

自分なりの経験と知識で、自分の生き方に責任を持って自己決定することができない子どもたちや若者たちが増えている。

これは、自明のことに思える。

日本の子育てや教育は、「六〇年安保闘争」「大学紛争」「七〇年安保闘争」「高校紛争」を経て、「戦後第三回目の少年犯罪多発期」以来、指示型の教育に変わっていった。その背景には、ものを考えることのできる子どもを育てれば、社会に、大人や親に、戦いを挑《いど》む子どもたちを育ててしまう可能性が生じる。これは危険だ。そうであれば、社会や、大人や親から言われたとおりに動く子どもたちを育てたほうがいい。このような政府や大人たちの思惑《おもわく》があった。

また、今の子どもたちは、ゆっくりと考えるゆとりや時間が与えられていない。多くの子どもたちは、一方的に親から「ああしなさい」「こうしなさい」と事細かに指示されて育っていく。そして、一七歳、一八歳になると突然、「もう、自分で考えなさい」と突き放されてしまう。どう考えても、これには無理がある。

たとえば、生まれたばかりの赤ちゃんを一八年間抱っこして育てたらどうなるだろう。自分で歩くことのできない若者になってしまうだろう。

もちろん、最初から立って歩くことのできる人間などいない。何度も転んで痛い思いをしながら立ち上がり、自分の足で歩くことを学んでいく。これが健全な成長というものだ。

つまり、日本の三〇年にも及ぶこのような教育や子育ては、子どもたちの成長を阻《はば》んでしまった。

もしも毎日、「何やってるんだ、急げ、急げ！」とお尻を叩かれ続けたら、「そんなことじゃだめだろう」と叱られ続けたら、どうなるだろう。あるいは、親から完全に無視され、放任され続けたら、どうだろう。

今、日本で恵まれた家庭環境にある子どもたちの多くは、小学校高学年から中学校、高校の間はお尻を叩かれ、追い込まれている。また、この期間、貧しい家庭環境に置かれた子どもたちの多くは、放任されている。

確かに、このような状況の中でも、健全に育っている子どもたちはたくさん存在する。それは、ある意味で生まれつき能力的に優れている子どもたちと、あたたかい親がいたり、あたたかい先生や大人との出会いを持つことのできた、救われた子どもたちだ。

でも私は、日本の中で救われた子どもたちは、子どもたち全体の七割だと考えている。残りの三割の子どもたちは日々追い詰められ、自己肯定感を持てずに自分を見失っている。「私なんていなくていいんだ」「僕なんてだめな人間だ」などと考え、毎晩、暗い部屋で自分を責め続けている。そして今、私たちの社会に、大人たちに、非行・犯罪・ドラッグ、いじめ、不登校・ひきこもり、自傷・自死という四つの大きな問題を突きつけている。

三、夜の世界の子どもたち

学校や家庭で毎日批判され、自己肯定感や自信を失った子どもたちの中で、まだ、生きる力を持ってる子どもたちは、彼らを否定する昼の世界に背を向け、救いを求めて夜の町に出る。

夜の町で仲間を作り、非行集団化して大人に対峙《たいじ》する。彼らは一人では大人に勝つことはできない。だから、集団を作るのだ。そして、仲間たちへの自己顕示から、さらに悪へと染まっていく。

夜の世界は、子どもたちに優しい。とことん利用できるからだ。女の子が来れば「君、かわいいね。どこかに連れてってあげようか」「何かごちそうしようか」と言って手なずけ、彼女たちのからだを狙う。男の子には、「君、カッコいいな。小遣《こづか》いやるから、少し遊んでいきな」「帰りに事務所に寄りな」などと声をかけ、使いっ走りやドラッグの売人に仕立て上げる。

また、昼の世界に背を向けて夜の町に出たけれど、大人に対峙するほどの元気のない子どもたちは暗がりに群れ、夜を過ごしていく。

その中でも、寂しさを抱える少女たちは、中高年の男たちの性の対象となり買春されていく。その偽《いつわ》りの触れ合いの中に救いを求め、さらに傷つくこととなる。

私の元には、「援助交際」をした女子中学生、女子高校生、女子大学生、あるいは二〇代の女性たちからの相談がたくさん来る。彼女たちは、確かに金をもらってはいる。しかし、彼女たちの多くは金のためにからだを差し出しているわけではない。自分が持つことができなかった、優しい父親の姿を、自分のからだを買う男たちに求めているのだ。

彼女たちに「なぜそんなことをしたんだい」と聞くと、必ずといっていいほどこう答える「優しかったから」と。哀《かな》しいことだ。

男たちが求めているのは、彼女たちの性だけだ。そして、彼女たちは心もからだもさらに深く傷ついてしまう。中には、妊娠し中絶してしまった命のことを思って、さらに苦しみ、自傷したり、死を語る子どもたちもいる。

こうした子どもたちの多くは、夜の町ではごく普通に出回っている大麻やコカイン、覚せい剤などのドラッグに、ひとときの救いと快感を求めていく。

かつて、暴力団は一〇代の子どもたちにドラッグを売らなかった。ある広域暴力団の組長がこう言ったそうだ、「子どもたちは、日本の宝だ。子どもたちに、シャブ(覚せい剤)は売るな。子どもたちがシャブ漬けになったら、日本がガタガタになる。そうしたら、俺たち暴力団は成り立たなくなる」と。

しかし、一九九一年(平成三年)に、暴力団対策法が制定されてから変わってしまった。この法律によって、総会屋や地上げなどの経済暴力介入、交通事故示談やみかじめ料などの民事暴力介入からの収入を得ることが難しくなった暴力団は、ドラッグの密売や売春にその中心的な資金源を移していった。そして、「子どもたちにどんどん売れ。しかも、女の子に。最初はただでもいい。女の子は二倍儲《もう》かる」と、子どもたちの間にドラッグを広めていった。

子どもたちは、自分たちの間で、勝手にドラッグを拡散してくれる。非行集団の一人にドラッグが入れば、感染症のようにその集団全員の乱用へと蔓延《まんえん》していく。しかも、女の子は一度依存症にしてしまえば、乱用の金を手にするために売春をする。暴力団にとっては二倍儲かる客だった。

現在、私たちドラッグの専門家は、こう考えている。子どもたちの五〇%、二人に一人は今までの人生やこれからの人生でドラッグについて身近で見聞きする。そして、子どもたちの二五%、四人に一人は誘われ、二・六%、つまり三九人に一人は使用する。この使用者数が五%を超えると、ドラッグによる犯罪が目に見えて増え、一〇%を超してしまうと、日本は滅びる。

「ドラッグに関しては、日本より、アメリカやヨーロッパ諸国のほうが蔓延している。それに比べれば、日本は安全だ」と語る専門家も存在する。

しかし、階層社会のアメリカやヨーロッパ諸国では支配層、つまり、国を動かすような知識階層はドラッグを乱用しない。ドラッグが蔓延しているのは、社会のある一部の層の間である。

ところが日本では、ドラッグの乱用で政治家や芸能人が逮捕されたり、一般の会社員や教師、学生が、何より子どもたちが逮捕されている。階層や世代を超えてドラッグの乱用が広がっている。これが、危険なのである。

ドラッグは、幸せな社会では広がらない。日々、あたたかい親からの愛情に満たされ、学校でも、優しい教師たちからたくさんの明日を語ってもらうことのできる子どもたちの間に広がることは、まずない。ドラッグは、病んでいる社会で明日を見失った人たちの間に、ひとときの快感と救いのために広がっていく。子どもたちの多くは、この状況に追い込まれている。

四、夜眠れず「心を病む子どもたち」

夜の町でなく、昼の世界で生きる多くの子どもたちは、彼らの居場所である学校で、自分のいらいらの「ガス抜き」のために、大切な仲間たちをいじめる。まさに、大人が、親が、先生たちが、子どもたちにやっていることと同じことを仲間に対してするのだ。

学校に行ってもいじめがあり、優しくて人をいじめることができない子どもたちは、その優しさゆえに、自分自身がいじめの対象となってしまうことも多い。

親に心配をかけることができず、夜の世界に出ることもできない。その結果、心を閉ざし、不登校となり、暗い部屋で苦しみ続ける。さらには、自分の不登校が原因で悩む親の姿を見て、もっと追い詰められ、心を病んでいく。


それすらもできない、弱い子どもたちは、「不登校になったら、ひきこもりになったら、親に迷惑をかける」と考える。そして、暗い部屋で「親に叱られたのは、私が悪いから」「勉強についていけないのは、僕がだめだから」と自分を責め続ける。ある夜、カミソリやカッターナイフを手に自分を罰し始める。リストカットなどの自傷行為の始まりだ。

夜眠れずに悩み苦しむ子どもの姿を見た親や教師たちは、子どもを心療内科や精神科、神経科に連れていく。そこでは向精神薬や睡眠剤、抗うつ剤などが投与される。薬を手にした子どもたちは「指定量の二倍飲んだらこれだけ楽になった。一〇倍飲んだら、二〇倍飲んだら……」と、薬に救いを求め、ＯＤ（薬の過剰摂取）が始まる。

さらに心を病むと、家にひきこもり続けるつらい日々の中で、食事が食べられなくなり「拒食」となる。また、逆にストレスから食べることが止まらなくなり「過食」となる。その結果、食べては吐くことを繰り返す「過食嘔吐《おうと》」、つまり「摂食障害」に進むことが多い。ここまでいくと、その先には、「自死願望」が待ち受けている。

こうして、日本の多くの子どもたちが苦しんでいる。しかし、その実情に気づいている大人や専門家は少ない。

じつは、これらは、今、子どもたちが陥《おちい》っている最大の問題である。これについては、第三章で、さらに詳しく書いていく。

また、このような子どもたちを、さらに孤立化させ追い詰める状況が、十数年前から始まった。ゲームやネット、ＳＮＳ（ソーシャル・ネットワーキング・サービス）の普及である。

「夜眠れない子どもたち」の多くは、深夜に暗い部屋で、ゲームやネット、ＳＮＳといった仮想現実の世界に救いを求めている。人と人との現実の社会での触れ合いで傷つけられた子どもたちは、仮想現実の世界に救いを求めるようになったのだ。でも、そこには救いなどなく、さらに傷つくだけなのに。

夜は、私たち人間にとって眠る時間、言い換えれば、一番無防備な時間である。いったん死ぬ時間と言えば、わかりやすいかもしれない。だから、暗闇《くらやみ》を怖がり、夜を恐れる。精神的にも不安定となり、不安な時間である。

その不安な時間に、未熟な子どもたちがゲームやネットなどの仮想現実の世界に入り、そして抜け出せなくなってしまっている。また、しなくてもいいコミュニケーションを、携帯電話やネット、ＳＮＳで交わし、相手を傷つけ相手から傷つけられ、さらに深く苦しむことに。

思い出してほしい。みなさんが若い頃、夜書いたラブレターのことを。朝になって読んで、その過激な内容に顔を赤くしたことはないだろうか。夜は人を不安にさせるとともに、感情を極端に高める時間でもある。

私は高校でも大学でも、講演会でも、子どもたちに必ず伝えることがある。それは「言葉を信じるな」ということだ。たとえば、もしもつき合っている彼氏が、一日に何度も「愛してる」と言い始めたら、その彼は口の軽い嘘《うそ》つきだから、別れたほうがいい。自分の愛に、また、相手からの愛に自信がないから語るのだ。あるいは、そのときの肉体関係のみを求めているから、言葉にするのだ。そこには、本当の愛など存在しない。本当の愛とは、二人の人間がお互いにいたわり合い支え合って生きていく中で、積み重なっていくものであり、言葉などいらない。

ところが、子どもたちは言葉に救いを求めていく。しかも、見えない相手からの無責任な言葉に。

特にネットやSNSの中で使われる言葉は危険だ、相手の顔を直接見なくていいから。だから、相手の哀しそうな顔やつらそうな表情を見れば、決して口に出せないような厳しい言葉やきつい言葉が安易に使われていく。しかも、顔が見えないゆえに無責任さに拍車がかかる。こうして相手を傷つけ、自らも傷ついていく。

また、言葉はそれを語った人に、その責任を負わせる。

ある子どもが「私は死ぬ」と語れば、その子どもに死を求めてくる。練炭《れんたん》等による集団自死は、まさにその例だ。集団自死をはかった人たちのうち、その多くは本当に死にたいとは考えていなかったはずだ。「死ぬ」と文字にしてしまった、ネットに書いてしまった、言葉にしてしまったから、その責任を取らざるをえなくなってしまったのだ。同様に、「死ね」「学校に来るな」と語れば、相手を不登校や自死に追い込んでしまうこともあるということを知ってほしい。

今、多くの子どもたちは、この言葉の恐ろしさに気づくことなく、言葉を弄《もてあそ》び、そして、言葉によって復讐されている。しかも、インスタグラムやユーチューブなどの映像の世界にまで広がりを見せながら。

思い出してほしい。このところどれだけ多くの若者たちが、ネットで人や会社を傷つける映像を無責任に配信し、それによって多くの問題が生じているかを。また、発信した本人自身が、どれだけの責任を負うことになったかを。

日本は、夜眠れず「心を病む子どもたち」の時代に突入した。

第三章

青少年問題の現状

この章では、今を生きる子どもたちや若者たちが抱えている八つの大きな問題、いじめ、虐待《ぎゃくたい》、不登校・ひきこもり、自傷行為、オーバードーズ、摂食障害、非行・犯罪・ドラッグ乱用、自死願望と自死にスポットを当てる。さらに、表面化した「八〇五〇問題」も含めて、原因と解決のヒントまでを考えていくことにしよう。

一、いじめ

二〇〇七年（平成一九年）一月、当時の安倍晋三《あべしんぞう》内閣の下で文部科学省はいじめに対する定義を見直した。さらに、「いじめ防止対策推進法」の施行にともない、二〇一三年度からは次のように定義している。

「『いじめ』とは、『児童生徒に対して、当該児童生徒が在籍する学校に在籍している等当該児童生徒と一定の人的関係のある他の児童生徒が行う心理的又は物理的な影響を与える行為（インターネットを通じて行われるものも含む。）であって、当該行為の対象となった児童生徒が心身の苦痛を感じているもの。』とする。なお、起こった場所は学校の内外を問わない」

これが、現在も政府によるいじめの公式の定義とされている。一見すると明確な定義に思えるが、じつは、まったく意味不明だ。それどころか、こんなに人を馬鹿にした定義は存在しないだろう。

では、この定義のどこが問題なのか、一つひとつ見ていこう。

まずは、「心理的な影響を与える行為」だ。これは、具体的に何を、どんな状況を指しているのだろうか。誰かに「死ね」「学校に来るな」「ここにいるな」などと言う。あるいは、ネットに実名を出して書き込むことは、確かに、それを言われた子どもにとって、重大な「心理的な影響を与える行為」になるだろう。でも、これはいじめというより立派な犯罪だ。すでに、こうした行為によって逮捕された子どもたちもいる。

しかし、たとえば、「シカト」と呼ばれる無視をしたり、悪口や陰口を言う。これはどうなのだろうか。これも「いじめ」にあたる「心理的な影響を与える行為」なのだろうか。

私たち大人の社会でも、これは日常的に存在することだ。この本を読んでいるみなさんも、誰かを無視したことはあるだろうし、誰かの悪口や陰口を言ったこともあるはずだ。私もある。これは倫理的、道徳的には重大な問題であるが、「いじめ」なのだろうか。

人には、好き嫌いがある。悪口や陰口は、あまりよい行為とは思わないが、誰かを無視する権利は、大人だけでなく子どもたちにもあるはずだ。これまで「いじめ」にされてしまったら、まず日本では、よほどの聖人君子《せいじんくんし》でない限り、「いじめ」をしている人となってしまう。これがこの文部科学省の定義では不十分で、よくわからない。

次に、「物理的な影響を与える行為」だ。これもわけがわからない。

誰かを殴ったり蹴ったりしてけがを負わせることを意味するのだろうか。でも、これは立派な傷害罪、刑法犯だ。いかに子どもであっても、警察による捜査の上で家庭裁判所での審理を経て、その罪を償《つぐな》い、少年鑑別所や少年院などの施設で矯正《きょうせい》のための教育を受けることとなる。

お金や物を奪うことだろうか。これも窃盗、強盗、あるいは恐喝罪となる立派な犯罪だ。それでは、からだをぶつけたり叩くことだろうか。じつは、これも一般社会ならば立派な犯罪だ。

最後に、この定義における一番問題の部分を指摘する。

それは、「当該児童生徒と一定の人的関係のある他の児童生徒」という部分だ。この「一定の人的関係のある」というのは、同じ学校やクラス、部活に所属するという意味なのだろうか。確かに、町で私が見知らぬ人に「死ね」と言ったり、殴ってけがをさせれば、それは「いじめ」ではなく犯罪だ。警察によって逮捕され、取り調べを受け、裁判所で裁《さば》かれ、量刑に従って罪を償うことになる。

でも、「一定の人的関係」が自分と相手である他の児童生徒の間にある場合は、犯罪ではなくなり、「いじめ」になってしまうのだろうか。これはおかしい。「一定の人的関係」どころか親子の間のことだとしても、このような行為は裁かれるのだから。

私は、この文部科学省の定義を読み解いて、その中に、人権を守る機関である法務省や犯罪に対処する機関である警察庁を、このいじめ問題に関与させたくないという、文部科学省の意図を見る。学校という聖域には、自分たち以外誰も入れないという傲慢《ごうまん》さを感じる。

それでは、学校における「いじめ」とはなんなのだろうか。私のいじめに対する定義は、「学校において、意図的に、ある児童・生徒に対して、精神的苦痛を与えること」だ。

具体的に例をあげれば、ある児童・生徒が気に入らないからという理由で、ノートやカバン、上履《うわば》きなどを隠したり、その生徒の展示作品などに落書きをする。あるいは、思いつきではなく、その生徒を精神的に追い込もう、苦しめようとする意図を持って「シカト」、つまり、無視をしたり、でたらめな情報やひどい噂《うわさ》話を他の生徒に流す行為だ。「いじめ」とは、これ以上もこれ以下もなく、ここまでの行為を意味するものと考えている。

これ以上の行為は「いじめ」ではなく、犯罪である。学校だけではなく、司法の場でもきちんと対処されるべき問題である。

また、現在、政府も学校も親も大人たちも、「いじめ」を、いじめている子どもといじめられている子どもの間の問題として捉《とら》えようとしている。これは許されないことだ。なぜなら、いじめている子どもも、じつは問題を抱えている。言い換えれば、彼らもいじめられている子どもなのだ。他の子どもをいじめることで、自分の心の中に抱えている怒りや恨《うら》みを解消しようとしている。幸せな子どもは、人をいじめたりしない。この観点が欠けている。

いじめは、いじめている子どもの家庭環境や親、ひいては私たちの社会のいらいらがその背景にある。これをわからない限り、いじめ問題の解決はありえない。

さらに文部科学省や教育委員会、そして学校は、とんでもない勘違いをしている。それは「学校では、いじめが存在してはいけない」という盲信だ。じつは、いじめのない学校など存在しない。文部科学省の「いじめ」の定義のように、他者に対して不快な思いをさせ、そして他者を傷つける行為であるとすれば、それは、すべての学校、もっと言えば、社会のすべての場所に存在する。

先日、私は大学で学生たちに、「この定義の下でいじめをしたことがある人は挙手してほしい」と質問したら、ほぼ全員の学生が手を挙げた。人と人が向き合えば、そこにはどうしても相手を傷つける行為は起こってしまうのである。

だからこそ、私たちは、「ごめんなさい」という素晴らしい謝罪の言葉を持っている。それが初めから「学校には、いじめは存在してはならない」と決められてしまうと、多くの子どもたちは、誰かをいじめてしまったとき「自分はとても悪いことをしてしまった」と考え、隠すようになる。また、いじめられた子どもも「自分だけがいじめられている」と考えて孤立するようになり、結果として自分を追い込んでしまうことになる。

子どもたちに教師や親が「いじめは学校だけではなく、人と人がともにいる場所では、必ず存在する」と伝えることが大事だ。そのうえで、「自分の行動や言葉が、誰かに嫌な思いをさせたり、傷つけたりすることは、あたりまえにある。その逆に、誰かからつらい思いをさせられることもある」と伝える。そして「もしも、そんなときは、必ず周りの誰かにそのことを相談する。いじめた場合は謝《あやま》ろう。いじめられた場合は、助けを求めよう」と話す。

このことを日々きちんと教えれば、多くのいじめは解決することができると、私は確信している。

二、虐待

「バブル経済」崩壊からの長期にわたる影響は、家庭にも及んだ。社会や経済の閉塞的《へいそくてき》状況の中、会社でいらいらを抱えた父親は、それを家庭の中で、大切な家族にぶつけた。その結果、「DV」と呼ばれる家庭内暴力が急増した。そして、それはさらに、親から子どもへの「児童虐待」という形で、日本全体に広がっていった。

増え続ける虐待に対処するため、政府は二〇〇〇年（平成一二年）に「児童虐待防止法」を制定した。この法律によって、それまで一五歳または中学校卒業までだった虐待の対象児童が、一八歳または高校卒業までに拡大された。それとともに、虐待の定義も明確化された。

虐待とは、保護者による一八歳未満への「児童に対する暴行」「児童に対するわいせつな行為」「児童に対する監護義務の放棄（ネグレクト）」「児童に対する心理的外傷（トラウマ）を与える行為」と定義し、禁止した。法改正により二〇一九年からは、「児童に対する体罰」も虐待として扱われることとなった。

幼児期や青少年期における虐待は、子どもたちのからだと心に大きな傷痕《きずあと》を残す。私が関わったいじめにあった子どもや自傷行為を繰り返す子どもたちでは、家庭での虐待がその一因となっているケースが多く見られた。幼児期からの虐待で、人が怖くなりいつもびくびくしている。そのために、いじめの対象とされる。親から受けた虐待を、「自分が悪いから」と責め続け、自傷行為に入る。こんな子どもたちが増え続けている。

小学校や中学校、高校では、授業の中で、すべての子どもたちに対して、「児童虐待防止法」の内容を、それぞれの学齢に合わせて指導するべきである。そして虐待を受けている児童生徒に、自分たちがされていることが自分のせいではなく、親による犯罪であり、人権侵害であることを伝えるべきである。

児童虐待については、全国の児童相談所が中心となり、警察や学校がその解決にあたることとされている。しかし、現在の各都道府県及び各政令指定都市に設置が認められている児童相談所の数や人員では、無理がある。その結果、多くの子どもたちが虐待によって追い詰められ、命まで奪われている。速やかに、全国のすべての学校や教育機関、すべての警察署、そして法務省の人権擁護機関内に、専門家を配置した相談所を設置し、各機関が密接に連携して、保護と解決にあたるようにすべきである。

虐待は早期に解決しなければ、子どもたちの一生に消すことのできない暗い影を落とす。

三、不登校・ひきこもり

次に、不登校・ひきこもりの問題を見ていこう。

文部科学省の統計では、二〇一七年（平成二九年）の全国の小中学校における長期欠席者数は二一万七〇四〇人、そのうち、不登校の児童生徒数は一四万四〇二一人と発表している。しかしこれは、決して実際の学校現場での状況を示してはいない。

文部科学省による不登校児童生徒の定義は、小学校や中学校で「何らかの心理的・情緒的、身体的あるいは社会的要因・背景により、登校しないあるいはしたくともできない状況にあるために年間三〇日以上欠席した者のうち、病気や経済的な理由による者を除いたもの」とされている。

しかし現在、各都道府県、市区町村では、適応指導教室（あるいは認定されたフリースクール）の設置が進み、そこに出席した者については、一定の条件を満たせば、学校の教室での授業に参加できていなくても、欠席の扱いとはならない。

また、高校については、義務教育ではないという理由で統計の対象外となっている。高校の場合は、学校で定めている規定日数以上の欠席をすれば、自己都合という名目で退学せざるをえなくなる。そのため、高校の不登校生徒数については、国は把握《はあく》できない。

ひきこもりに関しては、民間機関の推定では、二〇〇万人近いという発表もある。この正確な数値については、国もどの機関も把握できない。なぜなら、地域の行政機関は、ひきこもりの人たちについて把握しなくてはならないにもかかわらず、なんの調査もなされていないからだ。

この不登校・ひきこもりの問題は、今や「八〇五〇問題」として、日本社会の明日に暗い影を落としている。仮に、日本のひきこもり人口が、二〇〇万人とした場合、二〇〇万人の社会資本としての人口が減り、国民健康保険、国民皆年金制度が壊滅的なこの状況で、その納付者を失っていることになる。


経済面以外でも、大きな社会問題となる。

人は、なんらかの社会に属し、人と人との関係性の中で自分を確認して明日を拓《ひら》いていく。その帰属する社会を失うことは、その時点で、その人の心の成長を止めてしまう。これは、本人にとって非常につらいことであり、心が不安定になる。このような孤立状況が長く続くことにより、心を病み、自死する人が増えるのではないか。あるいは、このような状況に自分を追い込んだ社会や人に対して恨みを抱え、復讐に走るのではないか。このことを、私は一〇年以上前から危惧《きぐ》していた。その事態が現在、日本全国で事件化している。

また、この問題が生じたときから、ひきこもりの子どもたちをなんとか支え続けてきた親たちが、今七〇代から八〇代となり高齢を迎え、すでに年金だけでは支えきれなくなっている。「八〇五〇問題」の扉が開けられた。

ひきこもりの子どもを抱える家庭での一家心中事件、将来を悲観しての殺人事件など、この問題を背景とした事件も発生している。このような事件はさらに増え、大きな社会問題となっていくと考えている。

現在、厚生労働省や各自治体は重い腰を上げ、各地にひきこもりの人たちのための就労施設を開設している。また、各地でひきこもりの当事者や家族を支えるＮＰＯも熱心にその活動を展開している。ただし、そのほとんどは相談待機型、つまり当事者や家族が直接相談しなければならない形態である。これでは、救われる人の数は限られてしまう。

じつは、ひきこもりの人たちの実数の把握は簡単にできる。しかし、このことに気づいている関係者は少ない。それを説明しよう。

まずは、各自治体の納税台帳を調べ、成年年齢に達している人の中で納税していない人の実数を確認する。そこから失業者、つまり、仕事を求めているが就労できないでいる人たちの実数を引けばよいのである。

政府や自治体は、速やかにこの実数と実態把握に努める。そして、相談員や支援員が直接家庭を訪れ、本人や家族の相談にのるという訪問型の支援を展開すべきだと考えている。

四、自傷行為

リストカット、ピアッシング、極端な異装、タトゥーなどの「自傷行為」について見てみよう。

リストカットなどの自傷行為は、ほとんどのケースで、子どもたちの心の叫《さけ》びだ。子どもたちは、決して自傷したくて自傷しているわけではない。パンパンになった心を、自傷することでやっと「ガス抜き」している。自分で自分を傷つけることで、かろうじて心のバランスを取って生きている。それまでに受けた心の傷から、死に向かう誘惑を、なんとか断ち切ろうとしている。このように自傷行為は、最初は生きるための行為なのだ。

自傷行為が、初めて社会問題として取り上げられたのは、一九五〇年代のアメリカにおいてだと言われている。第二次世界大戦後の繁栄を謳歌《おうか》したにもかかわらず、その後、ヨーロッパ経済の復興の遅れに引きずられ不況に陥《おちい》ったアメリカ。この時代、ある女子刑務所と精神医療機関の閉鎖病棟で、収容者の間にリストカットが始まった。そして、短期間に同じ房や同じ病室の中でリストカットが広まっていった。この記録が残っている。

この事実からわかるように、リストカットなどの自傷行為は、閉塞的な状況に置かれた人たちが心の中に様々な葛藤《かっとう》をため込み、さらに、それをなんらかの方法で外に出すことができない場合に、自己表現の一つの方法として発生する。

しかし、子どもの自傷行為を目にしたとき、親や教師などのほとんどの大人たち、あるいは友人たちは、必ずその行為を止める。そして、責め叱る。原因を探り、それを解決することが肝心であり、無理にやめさせることは非常に危険であるにもかかわらずだ。それを否定したり、責めたり、止めてしまうと、子どもたちは心の「ガス抜き」ができなくなってしまう。そして、さらに深く病み、死へと向かってしまう。

問題は、自傷している事実ではなく、なぜ自傷しなくてはならなくなったのかという原因である。

また、わが子が自傷行為を始めたとき、多くの親たちは「心が弱いから」「しっかりしていないから」と、すべてを子どもの心の甘え、あるいは心の弱さで片づけようとする。しかし、これは違う。

たとえば、リストカットは刃物で自らのからだを傷つけるのだから、当然、痛いと感じるはずだ。これは普通の考え方だ。でも、リストカッターは痛みなど感じてはいない。それどころか、快感を得ている。ここに、リストカットなどの自傷行為の怖さがある。

これは、人間の脳にある作用のためだ。リストカットをすると、まずは皮膚の痛点から痛みの情報が脳に伝えられる。すると、脳内神経伝達物質であるアドレナリンが分泌《ぶんぴつ》される。アドレナリンには筋肉や他の臓器、心臓などの血管を拡張し血流をよくする作用がある。その結果、心臓の鼓動が速まり、それによって傷を修復する働きが始まる。同時に、痛みを緩和する作用のある脳内神経伝達物質のエンドルフィンも分泌される。みなさんは、包丁やナイフで指を切った経験があると思う。そのときのことを思い出してほしい。最初の痛みは、時間が経つにつれて緩和されていったはずだ。本来の痛みは変わらないはずなのに、緩和されていく。これは、エンドルフィンが脳の中の痛みを感じる部分を麻痺《まひ》させているからである。

切るという行為は、このエンドルフィンという快感物質が脳の中で分泌することを促《うなが》す。そのため、リストカットを繰り返す間に、リストカットが痛みではなくなり、快感になってしまう。それどころか、脳とからだがエンドルフィンの分泌を求めて、「切れ、切れ」と言ってくるのだ。これこそ、エンドルフィンが脳内麻薬と言われる理由だ。ドラッグと同様、依存症となってしまう。

リストカットを繰り返す子どもに、赤い線やカッターナイフを見せるとすぐわかる。それらを見た瞬間に、彼らの脳の中でエンドルフィンの分泌が始まり、恍惚《こうこつ》とした表情になる。

さらに、自傷行為には、もう一つの危惧する面がある。

それは、自傷行為は感染するということだ。ある集団の中で、一人がリストカットなどの自傷行為を始めると、同調圧力や共感から周りも自傷行為を始めてしまう。その背景には、同じような境遇や環境の子どもたちが共同体を作りやすいという、子どもたち独特の集団意識があると考える。

最初は、手首に浅く傷をつける程度の軽い状態から依存が進んでいく。依存が進むと傷の数は増え、周りからは奇異に思われるようになり孤立化する。孤立化すると孤独感に苛《さいな》まれ、さらに自傷は重度化し、血管まで切り込むこととなってしまう。そして最悪のケースでは死に至ることもある。

日本における自傷行為者の数は一〇〇万人を超えたと言われている。特に一〇代後半から二〇代前半の子どもたちの七％は、なんらかの自傷行為をしていると言われている。そして、そのうちの九五％は女子だ。男子の自傷行為者は五％程度で、数字的には少ないが、その治療は困難だとも言われている。男子に自傷行為が少ない理由は、外に出たり、暴れたりしてガス抜きがしやすいし、我慢もできるからだ。反対に考えると、自傷行為にまで至るのは、相当重度に心が病んだケースであり、治療が困難になる。

自傷行為とひと言で言っても、様々な形態がある。手首などを鋭利な刃物で切るリストカット、半袖《はんそで》を着る夏場になると増える上腕《じょうわん》を切るアームカット、からだの一部を切るボディカット、火のついたタバコなどを押しつける根性焼きなどが知られている。広義には、からだにピアスをたくさんつけるピアッシング、「ゴスロリ」などと呼ばれる極端な異装、タトゥー（入れ墨）も含まれる。

タトゥーについて、今日本は混乱状態にある。外国人のスポーツ選手、日本人の有名人などを含め、タトゥーを刻む人が劇的に増えてきた。このような状況を踏まえて、「日本が今まで施行してきた規制を変えるべきだ。タトゥーを一つの文化として認めるべきだ」という論議が、国会でもなされている。しかし、ここでは本質的な問題に関しては何も語られていない。この問題を語るほとんどの人が、理解しようともしていないという事実がある。

そもそも、なぜ、自分のからだにタトゥーを入れるのか。ファッションという言葉で単純に決めつけていいのか。私はその背景に心の病《やまい》を見る。タトゥーをからだに施《ほどこ》す人に、寂しさや哀《かな》しみを感じる。なぜなら、タトゥーも立派な自傷行為と考えているからだ。


リストカットなどの自傷行為の原因は、主に四つだと考えている。

一つ目は、家庭における過剰期待である。

これは、進学校に多い。家庭や学校の中で、成績や進路に対して過剰に期待され追い込まれた子どもたちが、その期待に応えることができなくなったときに、そのいらいらの中で自傷行為へと逃げ込んでいる。

二つ目は、親や家族からの虐待である。

虐待される理由を「自分のせいだ」と自分を責め、そして自傷行為に走る。特に、父親や兄からの性的虐待を受けたケースでは、自ら性器を切ってしまったり、死を選ぶまでに進んでしまう深刻なケースが多い。

三つ目は、学校における問題が引き金となる。いじめ問題や仲間との関係の悪化、教師との不適応など、学校での諸問題が原因となっているケースである。

四つ目は、過去に受けたいじめや虐待、暴力などが要因となる。いわゆるＰＴＳＤ（心的外傷後ストレス障害）によるものである。一八歳以上で、自傷行為を行うケースの多くはこれである。

私への相談内容を分析すると、リストカットは人数的には一七歳、一八歳がピークで、その後急激に減少していく。これは大学等への進学や就職等で生活環境が新しくなることが、解決の一助となっていると考えられる。しかし、それができず、ひきこもりとなってしまったケースでは、リストカットは継続し悪化していくことが多い。

五、オーバードーズ

次に、ＯＤについて見ていこう。ＯＤとは、「オーバードーズ（Over Dose）」の略称で、医師から処方された睡眠剤や向精神薬、抗うつ剤を一回に指定された量以上に服用することや、一部の麻薬成分が含まれた市販薬を一度に数十錠も摂取することだ。このＯＤが、子どもたちの間に広がり続けている。

市販薬の一部には、薬効のために微量だが麻薬成分を含むものがある。これらの市販薬を一度に数十錠単位で服用すると、それぞれの成分に応じて、禁止薬物であるヘロインや覚せい剤を乱用した場合と同様の抑制効果や興奮効果を得ることができる。かつて、市販の咳止《せきど》め薬を高校生や大学生が多量に乱用し、その結果、様々な症状や障がいを抱えてしまったという時代もあった。覚えている人も多いだろう。

これらの危険な市販薬の情報が、ネットの中で「気持ちよくなることのできる薬の使い方」「市販薬で気持ちよくなる」などと流され続けている。

しかも、本来、このように危険な市販薬は、薬事法によって薬剤師による対面販売が義務づけられていた。それが緩和され、一部はドラッグストアの棚の中に並べられているため、いとも簡単に手に入れることができる。これらの市販薬を一度に一〇箱、二〇箱と安易に子どもたちに販売する店もある。

本来の意味でのＯＤとは、医師から処方された睡眠剤や向精神薬、抗うつ剤を指定された量以上に服用することである。このケースが目立って増加している。

学校へ行こうとするとめまいや動悸《どうき》、息苦しさなどのパニック症状が出たり、日々激しい不安症状や恐怖に襲われる。傍目《はため》に見ても精神的に不安定な状況が続いたり、自傷行為が始まると、多くの場合、子どもたちは心療内科や神経科、精神科に通院することになる。そして、その病院で処方された薬を服用する。

最初は、指定された量だけ服用していた子どもたちが「もっと多く服用すれば、もっと楽になるのでは」と考え、多く服用するようになる。これを繰り返しているうちに依存形成され、これらの処方薬をつねに大量に服用しないと精神的な安定をはかることができなくなってしまう。

しかも、日本の精神医療に携《たずさ》わる医師たちの多くは、平気で数種類の向精神薬を患者に継続的に投与する。その結果として、複数の薬をつねに摂取するという、最悪の事態となってしまっている。この日本の精神医療の問題点については、後でさらに詳しく説明する。

六、摂食障害

「摂食障害」についても、触れておく。

摂食障害とは、なんらかの理由で、自ら食べることを拒否する「拒食」や、あるいは大量に食べ続ける「過食」、そして、食べてはそれを吐くことを繰り返す「過食嘔《おう》吐《と》」のことを指す。すべてのケースが生命の維持に直接関わる非常に危険な症状である。

摂食障害の中で、最も単純なものは、「やせたい」という願望から拒食になり、それが習慣化してしまうケースだ。親や周りの大人は、なんとかして食べさせようと試《こころ》みるが、本人は拒絶する。

しかし、私の元に寄せられた摂食障害の相談で最も多いのは、このケースではない。過去のいじめや虐待、暴行や強姦《ごうかん》被害などの精神的な要因が絡んだものだ。

これらの場合、その要因の直後に摂食障害となることはほとんどない。発症する前に、不登校やひきこもり、リストカットやＯＤなどの症状が続き、その結果として、摂食障害になってしまうケースがほとんどである。

いずれにしても、摂食障害は、ドラッグやリストカットと同様、依存が形成される。特に過食嘔吐は、繰り返していけば、その行為自体が快感となり、それから脱することが困難になる。

七、非行・犯罪・ドラッグ乱用

青少年の非行・犯罪については、このところ激減している。

その背景の一つは、児童福祉法の下で、各都道府県警が夜間補導を徹底したことがある。

また、深夜業や風俗業での青少年の雇用について取り締まりが厳しくなったために、夜の世界の人間たちにとって、彼らを雇《やと》うリスクが大きくなったこともある。

しかし、決定的な理由として私は、子どもたちが夜の町に出る必要がなくなったことにあると考えている。ラインなどのＳＮＳの普及で、子どもたちは家にいても仲間とつながることができるようになったし、ネットゲームなどの普及で、家や自分の部屋にいながら、簡単に夜通し楽しむことができるようになったからだ。

一方で、青少年のドラッグ乱用については、まったく沈静化する気配《けはい》がない。むしろ、ネットによる密売によって、全国的に広がってしまった。

この問題について、一部の報道機関やドラッグの専門家は、子どもたちの一部が享楽的に、また好奇心から大麻などのドラッグを乱用していると捉えているが、これは間違いだ。確かにそのようなケースは存在するが、数としてはわずかだ。むしろ、この閉塞的な社会状況の中で、明日を見失い、悩み苦しんでいる子どもたちがドラッグに救いを求めている。こう捉えるべきだと考えている。

また、青少年のドラッグ乱用について、大麻や覚せい剤、コカインなど法律で禁止された違法薬物の乱用については、大きな社会問題として捉えられている。その一方で、市販薬や処方薬の乱用については、ほとんど問題視されていない。

しかし、特にインテリ系の学校や経済的に恵まれた家庭環境の中で、一部の危険な市販薬や処方薬の乱用が広がっている。一見すると問題なんてないと思われている青少年たちだ。

オーバードーズの項でも述べたが、薬に関する情報がネットで簡単に見られるという背景がある。このまま放置すると、咳止め薬乱用時代の再来になるのではないかと危惧している。

ドラッグは、明日を夢見ることのできる、幸せな社会では広がらない。私たちの社会が、青少年たちにとって決して幸せではない、生きにくい社会となってしまったことが、この問題の一番の要因であることを忘れてはならない。

二〇一八年六月、民法の一部が改正され、移行措置の上、二〇二二年四月一日から成年年齢を二〇歳から一八歳に引き下げることが国会で決定した。また、年齢要件を定める他の法令についても必要に応じて、一八歳に下げる改正が進んでいる。さらに、政府・法務省の中で、少年法の適用年齢を二〇歳から一八歳に下げようとする動きも進んでいる。

現行の一八歳、一九歳を未成年（少年）と見なす少年法では、殺人などの凶悪犯罪の場合は、家庭裁判所から地方裁判所に送致され、成人と同様の処罰を受けるケースはある。ただ、ほとんどの場合は少年鑑別所に送られ、三週間から四週間にわたり家庭裁判所の調査官による家庭環境や生育環境などの調査が行われる。それをもとに、学校や児童相談所とも相談の上で、児童自立支援施設や少年院などへの送致、試験観察や保護観察処分などの矯正教育を通して更生をはかっている。

しかし、一八歳、一九歳が成年とされれば、そのような矯正教育を受ける機会を失うことになる。警察から検察に送致され、窃盗などの微罪の場合は、その七割弱が起訴猶予《きそゆうよ》となる。また、刑事事件として立件された場合でも、その多くは執行猶予という形で社会に戻ることになる。じつは、現状では少年犯罪の約四〇％は、一八歳、一九歳の少年が犯したものである。つまり、その大半が指導や教育を受ける機会を奪われてしまうのだ。

少年犯罪の原因は、未成熟な少年の場合、多くは家庭環境や生育環境が背景にある。「この環境を変えていかない限り、真の更生の手助けにはならない」という、今までの矯正教育の観点から見れば、多くの少年たちがその機会を奪われることとなる。元の劣悪な環境に戻され再犯を繰り返すことにもなりかねない。もっと厳しく言えば、日本で犯罪が増加する原因にもなりうるということだ。

また、別の問題もある。現行の少年法では、未成年が犯罪を犯した場合、その氏名については公表されることは、まずない。しかし、改正されれば、一八歳、一九歳でも氏名が公表されることになる。たとえば、高校三年生の三人（一人は一八歳、二人は一七歳）が同じ犯罪を犯した場合、一八歳の高校生については氏名が公表され、一七歳の二人については非公表となり、学校での処分やその後の人生において、大きな不平等の原因ともなる。

いずれにしても、少年犯罪が急激に減少している現在、少年法の適用年齢を民法との整合性だけのために一八歳に引き下げることには、多くの問題はあっても、メリットは存在しない。

民法の成年年齢の改正後も、喫煙《きつえん》や飲酒などについては二〇歳からを維持することと同様に、少年法についても現行のままとすべきである。あるいは、最低でも、一八歳、一九歳を「特別成人」という扱いにして、成年とは別の収容施設で、現行と同じ矯正教育や職業訓練を受けられる体制を作るべきだと考えている。

八、自死願望と自死

「自死願望」と「自死」とについても書いておきたい。

日本における自死の統計は、本当の正確な数値を表していない。私はそう確信している。

私は相談を受け始めてから、すでに二三九人の命を広い意味での自死で失っている。しかし、その中で、自死と見なされたのは、わずかに二一件に過ぎない。

理由は簡単だ。日本では、最終的な死亡原因は医師が決定する。その医師たちの多くは「縊死《いし》（首吊り）」「飛び込み」「飛び降り」など、明らかに自死とわかるケース以外は、死亡診断書に自死と書かないからだ。たとえば、リストカットによる死の場合は「失血による事故死」、ODによる場合は「薬物による中毒死」というように、残された遺族のことを考えて書いている。このようなグレーゾーンも自死と見なしたら、日本の自死数、特に一〇代と二〇代の子どもたちの自死数は、相当増えるはずだ。

私の元に届く相談電話やメールでも「死にたい」「死にます」「私なんて生きていても仕方ない」といった自死願望を語るものが四〇万件以上届いている。これらの相談に共通しているのは、親や教師たちに対する不信感と、誰からも愛してもらえないという孤独感である。

私はこの子どもたちを「死に向かう子どもたち」と呼んでいる。本当は、ただ寂しいだけなのに、誰かに相手にしてほしいだけなのに、死を語る。死に向かうことで、死に向かう姿を見せることで誰かに関わってもらいたいのだ。彼らの相談には、その切ない思いがあふれている。

これらの子どもたちの多くが、ネットの自死系サイトに入り込み、同じような問題を抱える子どもたちと語り合う。その中で、自死願望をさらに強くしてしまい、死へと向かっている。実際に自死してしまう子どもたちも多く出ている。本当は死ぬことなんて考えていなかったのに。ただ、誰かに関わってほしかっただけなのに。

これらの子どもたちに共通していることが五つある。

一つ目は、過去において、なんらかの心の傷を負わされている。

二つ目は、何度かは周りに救いを求めたが、裏切られ、人間不信に陥っている。

三つ目は、親も疲れ果て、子どもに対して攻撃的になっている。

四つ目は、過去の出来事にとらわれ、その苦しみの中で、死を救いとして捉えている。

五つ目は、夜眠ることができず、ネットなどで見えない相手に救いを求めている。

このような子どもたちが急増している。

本当なら、親やたくさんの仲間たちとの触れ合いの中で、明日を夢見て、大切な今を明日のために使う。だが、それを捨てて、過去の出来事に縛《しば》られ、つらい現状にこだわり、明日を考えることをやめてしまい、人生を潰《つぶ》されていく。

このままでは、日本で子どもたちの自死は、さらに増えていくことだろう。

私はこのような死に向かう子どもたちに対して、電話は三分、メールは三行で答え続けてきた。自分の過去や今を語ろうとする子どもたちには、必ずこう語る。

「よそう、話すことは。話せばもっとつらくなる。たとえ聞いたところで、私には君の過去は変えることはできない」

ただし、親がどのような人間なのか、学校がどういう環境なのかについては聞く。なぜなら、私が直接動くことで救える命があるかもしれないからだ。

最後に、必ずこう語る。

「過去は過去。人は人。でも、君は君。人のために何かしてごらん。周りに優《やさ》しさを配ってごらん。きっと返ってくるありがとうの言葉が、笑顔が、君の明日を作る。君の生きる力になるよ」

これができた子、わかってくれた子は、立ち直ってくれる。

第四章

青少年と心の問題

この章では、今日本の子どもたちが抱えている最大の問題「心の病《やまい》」について考えてみよう。性格、環境による影響、からだと心の分離、先入観など、様々な角度から探っていく。

一、思考パターンが人生を作る

「心の病」は、その人の考え方のパターン、すなわち「性格」の変容に大きな原因があると、私は考えている。では、その「性格」とはなんだろう。

私たちはよく、「あの人の性格はいい」とか「あの人の性格の悪さはなんとかならないのか」などと、相手を評価するときに「性格」という言葉を使う。また、当然だが、相手の性格によってつき合い方を変える。いつも嘘《うそ》をつき、人を傷つけるような性格の人とは、できればつき合いたくないはずだ。反対に、いつも他人に気を配る優《やさ》しい性格の人とは、一緒にいたいはずだ。

みなさんは、自分の性格についてどう考えているだろうか。家族や他人の性格についてどう思っているだろうか。そもそも、性格とは何か考えたことがあるだろうか。

性格とは、その人の考え方、簡単に言えば思考パターンを指す。友人に幸せなことが起きたときに素直に「よかったね」と心から思える人は、優しい性格だろう。「なんであいつだけが。許せない」と考える人は、普通は嫌な性格の人と呼ばれるだろう。「赤」という言葉で、バラやイチゴを連想する人は、問題のない性格と見なされるだろうが、血や刃物、死を連想する人は、だいぶ問題のある性格ということになるだろう。人が殺されるドラマや映画を見て、哀《かな》しみの涙を流す人は心の優しい性格だろうし、殺されることを喜び、もっと殺せと考える人は危険な性格の持ち主と言えるだろう。

すべての人間は、それぞれ独自の性格、つまり思考パターンを持っている。

紙とペンを用意して、ぜひ自分の性格について、いい部分と悪い部分を書き出してみてほしい。「思いやりがある。優しい。のんびりしている。人のことが気になる。すぐにいらいらする。怒りっぽい。乱暴だ」などとたくさんのことを書けるはずだ。

まさに、このあなた自身のものの見方、考え方のパターンがあなたの性格なのだ。

この性格によって、人間関係は左右されるし、あなた自身の社会的評価も決められていく。言い換えれば、この性格があなた自身の人生を、幸せなものにも不幸なものにも、ときには悲惨《ひさん》なものにもしていく。

人間はこの世界に生まれ落ちたとき、ほぼ真っ白な状態だ。つまり、頭脳的にも、性格的にも、身体的にも、ほぼすべての人が同じような状況だ。ひと言で言えば、これから絵を描かれる真っ白なキャンバスとして生まれる。

生まれながらにして、親を哀しませよう、人の物を盗ろう、人を傷つけようなどと考えている子どもは一人もいない。どんな時代や環境に生まれた子どもたちも真っ白な心、つまり、性格的には何も決定されていない状況で、私たちの元にやって来るということだ。

その子どもたちが成長していく中で、性格が決定される。そして、その子どもたちの人生そのものを作っていく。性格が人生を作る、人生を変えると言っても過言ではない。

しかも、性格はその人の人生を作るだけではすまされないこともある。たとえば、もしも問題のある性格の人、短絡的で好戦的な考え方をする人が国の指導者となったら、その性格ゆえに国際関係は不安定になり、戦争が起こり、結果として多くの尊《とうと》い命が失われる。たくさんの人生を変えてしまうことさえあるのだ。こんなことも歴史上には多々あった。現在もご存じのとおり、同様の問題がまさしく起きている。

二、性格を決定する三要素

性格には、それを決定する要素として、遺伝、環境、経験があると考えている。これを性格決定の三要素とする。

ほとんどの人の場合、性格は主に幼児期から少年期に形成され、青年期に固定化されていく。

三要素を一つずつ見ていくことにしよう。

まず、遺伝についてだ。ものの考え方が自分の親や祖父母と似ていると思った経験はないだろうか。生まれながらにして顔立ちが親に似ているように、性格も遺伝する。ただし、遺伝によるその人の性格に対する影響は、決して大きくはないし、それを変えることも難しくはない。

私は、先ほど、生まれたばかりの子どもたちの性格は、真っ白なキャンバスのようなものだと説明した。これは少し変えるべきかもしれない、全面になんらかの色を塗られたキャンバスと。真っ白な子どももいるだろうが、少しピンクや青に、ときには真っ黒に塗られた状態で生まれてくる子どももいるだろう。

しかし、長い人生を考えると、それはたいしたことではない。なぜなら、すべてのキャンバスは色を重ねて塗ることができるからだ。地色はピンクでも青でも、黒でも、一番上に白を全面に塗れば、真っ白なキャンバスにすることができる。

性格の遺伝とはこのようなものだ。つまり、性格における遺伝的な要素とは、いつでも消すことも、一部を活かして問題のある部分を直すこともできるということだ。

次は環境について。

育つ環境は、特に子どもたちにとっては、その性格を決定する大きな要素だ。

私は学生時代にヨーロッパを放浪したり、東南アジアのスラム街を訪れた経験がある。スラム街では多くの場合、人の物を盗むのは悪いことではなく、貧しい家族を守ることだと知った。その意味では、褒《ほ》められることはあっても叱られることではなかった。そこで育った子どもたちにとって窃盗や強盗、ときには殺人も、家族と生きていくためならばやむをえない行為だったのだ。捕まって司法により刑を受けることは、運が悪かったというだけのこと。

私の教師としての経験からも、嘘をつく子どもたちの多くは、親からの過剰な干渉《かんしょう》や虐待《ぎゃくたい》の中で、嘘をつくことでなんとか日々を生き抜いている子どもたちだった。彼らにとって、嘘をつくことは悪いことではなく、まずはそのときを生き抜くためのやむをえない手段なのだ。


最後は経験だ。

これは、性格を決定する最も重要な要素であり、遺伝や環境に恵まれない子どもたちにとって、唯一《ゆいいつ》の救いとなる要素だ。

子どもたちは、生まれながらにして遺伝によってある程度性格が決められ、育つ環境によって性格が決定されていく。そう考えると、性格を決定する要素が、この遺伝と環境だけならば、ひどい親やひどい環境に生まれ育った子どもたちに救いはなくなってしまう。

しかし、子どもたちは成長していく過程で、多くの仲間や教師との出会いがあり、本やネットなどの情報を通じて多くを学んでいく。

仲間とのコミュニケーションやたくさんの大人たちとの触れ合いの中で、自分の性格を培《つちか》い、さらに、考えるようになる。問題のある部分を変えたり、いい部分を伸ばそうとしていく。

この経験の積み重ねが大切だ。どんな問題のある性格でも、経験を通して変えていくことができる。子どもたちが経験によって、その性格を変えられる最も重要な場は学校であり、教育だ。

私たち教師、特に生徒指導に関わっている教師の間で以前から語り継がれている言葉がある。それは、「七：二：一」だ。

簡単に説明しよう。

どんな荒れた学校でも、生徒たちの七割は問題がない。それは、その子どもたちの遺伝や環境が恵まれているからだ。一割は、遺伝や環境によって問題行動に走る子どもたち。その子どもたちには、本人はもちろんのこと、親や家庭と徹底的に関わり、警察や児童相談所などの機関の力も借りて教育の力で性格を変えていく必要がある。

でも、最初にすべきことは、その間の二割のふらふらした子どもたちを七割の子どもたちのほうへと導《みちび》くことだ。それができれば、この学校は、まずは落ち着く。

「七：二：一」は、これを意味する数字だ。

私はこの言葉は、時代を経ても基本的に通用すると考えている。

なぜなら、今でも全体の子どもたちの七割は、少なくても最低限は優しく、守ってくれる親の庇護《ひご》の下で問題なく生きていくだろう。

ただし、残りの三割の子どもたちは、学校教育が家庭に対する指導力を失い、それを助けてきた地域社会が子どもたちを守る力を失ってしまった今、遺伝や特に家庭環境の悪化の中で、心の病や非行へと傾向している。この子どもたちを早急に救う必要性があると考えている。

三、環境が与える子どもたちへの影響

現在、日本では、正確な数字は調査されていないが、推定で二〇〇万人を超える子どもたち、大人たちが、不登校やひきこもりで苦しんでいる。また、一二〇万人が鬱《うつ》病に苦しみ、一一〇〇万人が心を病み、心療内科や神経科、精神科で治療を受けている。これに、非行や犯罪やドラッグ乱用に走る子どもたちと大人たちを足し、その予備軍を入れれば、国民の三割近くがなんらかの問題を抱えていることになる。

実際に、私は二八年にも及ぶ年月を様々な問題を抱える子どもたちや大人たちと関わってきた経験からも、子どもや若い世代を中心とした日本国民の三割近くがこのような状況に追い込まれ、壊されていると感じている。子どもたちはもとより、多くの大人たちも壊されていっているのだ。

私はこの一因を、子どもたちや一部の大人たちの性格の変容にあると考えている。簡単に言えば弱い、あるいは、問題のある性格を持つ人が、増えていることにある。そして、性格の変容の主要な原因は、この社会の在り方にあると考えている。

発端は一九九一年秋の「バブル経済」の崩壊だ。それまでの日本社会は、第二次世界大戦以降、経済成長を続けてきた。終戦から長く続いた貧しい時代でも、まじめに働けば、まじめに学べば、まじめに努力すれば、「必ず報《むく》われる」という言葉が、機能していた。言い換えれば、明日を夢見てその日を生きることのできる時代だった。その経済成長が、はじけた。そして、現在まで続く長い不況の時代に入った。

現在、政府は「日本は不況から脱した」と宣言しているが、本当にそうだろうか。確かにIT関連の企業で、何千億円ものお金を手にする人も増えているし、「億ションン」と呼ばれる都心の湾岸地域の高層マンションも建てればすぐに売れる状況だ。金持ちが増えたことは、実感できる。

その一方で、日本の生活保護世帯は増え、子どもたちの七人に一人が貧困に苦しんでいる。経済の繁栄を支えた分厚い中流世帯が崩壊しつつある。そして、富は一部の人の下に集中し、多くの国民が貧困へと追いやられている。

そのような中、私たちの社会全体がゆとりのない、いらいらした閉塞的《へいそくてき》な社会へと変貌《へんぼう》している。それが子どもたちの生きる家庭や学校にまで広がってきている。そしてそれが、多くの国民の性格、特に子どもたちの性格を変える要因となっている。

会社でいらいらした父親は、そのいらいらを会社では若い部下に、家庭では妻や子どもにぶつける。いらいらをぶつけられた妻は、それを子どもたちにぶつける。こうして、若者たちや子どもたちを追い込んでいるのだ。

この結果は、若者たちや子どもたちのいじめ、不登校・ひきこもり、心の病、ドラッグ乱用の増加として私たちの社会に表れていることは、すでに述べたとおりだ。

多くの若者たちや子どもたちにとって明日の見えない、また、いらいらした日本の社会環境が、彼らの性格を暗く重いものに変容させていると考えている。

しかも、教育そのものが、地域でも、学校でも崩壊していることも大きな問題だ。本来は、そのような環境の中で育っている子どもたちに対しても、地域や学校がきちんと機能すれば、子どもたちを明るく希望に満ちたものに変えることができる。

残念ながら、成績中心主義の国の指導の中で、学校などの教育現場では、子どもたちはもとより教師たちも疲れ果てている。教師と子どもたちが本音で触れ合うゆとりは失われてしまった。

地域社会においても、子どもたちが公園などでみんなで遊ぶ姿を見かけなくなって久しい。地域の子どもたちのための「子ども会」などはとっくの昔に消滅し、お祭りや行事もどんどん減っている。子どもの教育の場としての機能が劣化しているのだ。

都会では隣に住む人のことすら知らない、知ろうとしない人たちが増えている。それどころか、地域の中で子どもたちに声をかけたり誘ったりすれば、誘拐犯と間違われる事態になってしまっている。実際に、連れ去りなどの事件も多いため、親や学校が用心するのは仕方のないことだ。

しかし、これでは子どもたちは生活の場である学校や家庭、地域で安心して過ごせない。いつも不安感や不信感を抱えているわけであり、猜疑心《さいぎしん》の強い子どもたちが育つ土壌であることは確かだ。つまり、人を信用したり信頼する心が育ちにくいのだ。

ここまでは、外から子どもたちや若者たちを壊していく要因について語ってきた。次に、子どもたちや若者自身の内部から見てみよう。

四、自ら壊れゆく子どもたち

若者たちや子どもたちの変容には、彼ら自身の中にも原因はある。まずは、コミュニケーション手段の変化が若者たちや子どもたちに与える影響について述べることにしよう。

かつては、人と人とのコミュニケーション手段は、直接会って相手の顔を見ながら話すか、手紙を書くかしかなかった。それが通信機器の発達によって、電話という手段が広がった。どの場合でも、相手は自分が直接関係のある人だから、相手を傷つけないようにひと言ひと言に気をつかっていた。直接会うなら相手の顔色、手紙なら筆跡や表現、電話なら言葉づかいや声のトーンなどに注意を払いながら、責任を持ってなされてきた。
しかし、今やコミュニケーション手段の主流は、メールやラインなどのＳＮＳに様変わりした。相手との直接の触れ合いのない、それなのにすぐに対応しなくてはならないという即時対応を求められるコミュニケーションに変わった。その結果、自分の言葉に無責任で、考えて語ることのない子どもたちや若者たちが増えてしまった。

本来人間は、子ども時代から野山や公園で仲間たちと遊び、ときには喧嘩《けんか》し、仲直りする。また、自分が嫌いな人とも遊びを通して触れ合い、相手も自分も変わり仲良くなる。このような経験を積み重ねることで多くを学んできた。他者と直接触れ合う中で、優しさや思いやり、我慢することや相手に譲《ゆず》ることを自分の性格の中に刻み込んでいくのだ。

この機会が、現代の子どもたちから失われている。子どもたちの多くは、他の子どもたちと外で遊ぶことより、一人でゲームをして遊ぶことを好む。仲間たちと直接会っているときですら、会話もせず、それぞれがゲームに没頭している。こうして、子どもたちの性格は壊れていく。壊れゆくことを自らが選択しているとも言える。これは子どもたちだけに限らない。今や多くの若者たち、一部の大人たちまでもがこの状態だ。

私の元には、数年から十数年もひきこもりの生活をしている若者たちからの相談が続いている。

彼らの多くは、子ども時代から傷つけられる可能性のある学校や他者との触れ合いを捨てている。ネットの空間で、そのときどきに自分を楽しませてくれたり、幸せな気持ちにしてくれる仲間とだけのコミュニティーを作り、暗い部屋で過ごしてきた。ところがある日、周りの同世代の人たちが働いて自立していることに気づいた。どうしたらいいのかわからなくなり、相談してきたのだ。

彼らは言う「ネット空間での生活は幸せだった」と。なぜなら「嫌な奴とは、ボタンやクリック一つで関係を切り、自分にとって都合のいい相手とだけつながっていればよかったから。でも今、後悔している」と。

彼らは他者との直接的な触れ合いを自ら絶っていたため、性格は自己中心的であり、しかも、ほとんどがひ弱だ。

他者との関係は性格を作るうえで、また、性格を変えていくうえで、とても重要だ。なぜなら、他者の性格を知ることで、自分の性格の問題を明らかにすることができるからだ。さらに、社会の中でよりよく生きていくためには、自分の性格をどう変えていく必要があるかを自然に学ぶことができる。

しかし、他者との関係を絶ってしまえば、経験が積まれていかない。そのせいで、性格は遺伝や環境が子ども時代に形成したままに留まり、経験や体験が極めて少ないために、社会生活をまともに行うことのできない大人、自立できない大人となってしまうのだ。

じつは、リストカットやOD、自死などの環境要因による心の病は、文明病と言われ、先進国で急増している。

これは当然のことだ。アフリカや南アジア、南アメリカなどの貧しい国々では、人々は朝から夜までからだを使って働き続け、ただ生き抜くことに必死で、悩むゆとりすらないと言われている。

それに対して、先進国では機械化やオートメーション化が進み、からだをそんなに使わなくてもすむ社会だ。交通手段が発達し、移動はバスや電車、車が運んでくれる。わざわざ会いに行かなくても、ラインや携帯電話ですぐに連絡を取り合うことが可能だし、スポーツやライブ、お笑いや映画も、外に出向かなくても家にいながらいつでも楽しむことができる。

その一方で、心にとってはとても負担の大きい、疲れる社会となっている。どこにいても、周りの会話や騒音に耳を澄ませていなくてはならないし、人の視線や動きに注意を払い続けていなくてはならない。

つまり、日常生活でからだは使っていないのに、神経は研《と》ぎ澄まされているという状態が続いている。じつは、この状態はからだと心の分離を促《うなが》す。そこに、現代社会における心を病む人が増える原因があると、私は考えている。

仏教の有名な言葉に、「身心一如《しんしんいちにょ》」がある。これは「人間にとってからだと心は一体だ」という意味だ。からだが疲れていたり病んでいれば、心も暗くなり、楽しいことや夢のあることを考えられなくなる。また、失恋や失敗で、心が落ち込んでいると、からだの免疫力や抵抗力も低下し、病気になりやすくなってしまう。このことを今、多くの人たちが忘れている。

からだと心の関係は、人間の性格決定にも大きな影響を与えると考えている。自分を甘やかし、「面倒くさい」「かったるい」などと言ってからだを使わないで、怠惰《たいだ》な生活を送っていると、性格もいい加減なものとなってしまう。心についても同様だ。いつも、「つらい」「哀しい」と言って落ち込んでいれば、性格そのものが暗いものとなってしまう。明るく素直で問題のない性格を形成するには、健康なからだ、健全な心をいかに維持するかが大切なのだ。

しかし、多くの大人たち、若者たち、子どもたちが、不健康で不健全な生活を日々送っている。

夜遅くまで起きていて、大切な時間をテレビやゲームなどで浪費し、朝は疲れが取れず朝食もしっかり摂ることができないまま職場や学校に行く。また、空いている時間を、自分の趣味や教養のために使うこともなく、娯楽と称するつまらないテレビ番組やゲームに興じ、学んだり何かを得ることもなくだらだら過ごす。寂しいというだけの理由で、ラインやネットで意味もなくつながり続ける。

こんな日々を続けていると、当然、からだも心も病んでいくこととなる。自ら壊れゆく子どもたちだ。そして、長期間繰り返すうちに、性格まで変わってしまう。

私が関わった一人の若者、若者と言っても、すでに四〇歳だ。彼は高校時代にゲームにはまり、昼夜逆転の生活。徹夜でゲームをすることから高校には通えなくなり中退した。その後もゲーム漬けの日々を過ごした。そんな生活態度を注意すると暴れるので、親はそのままにした。そして、二三年の月日が流れた。

彼が家から出るのは、ゲームのソフトを買いに行くときだけ。それもネットで買えるようになると、外出は途絶えた。あるとき、どうしてもコンビニに行かなくてはならなくなった。そのコンビニには、中学時代の友人が妻と子どもを連れて買い物に来ていた。その姿を見て、彼はショックを受けた。失った時間の長さと重さに圧倒されたのだ。

彼はすぐにネットで情報を集め、私のところに相談してきた。会ってみると、見た目は年相応、四〇歳のおじさんである。でも、心はまだ高校生のままで成長が止まってしまっていた。

今、彼は夜間高校に進学するか、資格検定で高卒の資格を取り、大学に行くか悩んでいる。失った時間を、少しでも早く取り戻そうとあがいている。彼がいつも口にする言葉がある「ゲームなんてなかったら、こんなことにはならなかったのに」。

本来、人は直接的な触れ合い、語り合いやぶつかり合いの中で、自分の言動や行動を反省し、そこから自分の生き方や考え方、すなわち性格を反省し変えていく存在だ。当然だが、たくさん傷つき、人を傷つけ、反省しながら学びを得ていく。そして、そこから先の長い人生を豊かに生きていく術《すべ》を学んでいく。


残念なことに、私たちが生きているこの時代は、それが奪われつつある。子どもたちだけでなく一部の大人たちは、人と人との直接的な触れ合いを忘れ、見えない相手との仮想空間での触れ合いの中に、自分を守ろうとしている。

仮想空間は、非常に身勝手な世界だ。自分の気に入らないことがあれば、いつでもシャットダウンができるから、自分にとって都合のいい状態で生きられる。その世界の中では、自分の性格を壊されることもなければ、人格を否定されることもない。そんな甘美《かんび》な世界をクリック一つで選び、生きていくことができる。

五、先入観と心の病

先入観は厄介《やっかい》なものだ。

みなさんはこんな経験をしたことがあるはずだ。冬、ドアノブを触ったときに静電気がピリッときて痛い思いをした。その後はどうだろうか。しばらくの間、ドアノブを触ろうとするたびに、あの不快な静電気による痛みが思い出されたり、触ることを躊躇《ちゅうちょ》したりした経験はないだろうか。また、ドアノブに素手《すで》のまま触るのが怖くなり、ハンカチや服の袖《そで》でドアノブを包んでから回した経験もあるのではないだろうか。

まさに、これが先入観だ。しかし、しばらく経てば、それを忘れて普通にドアノブを握ることができるようになる。私たちは日々生活していく中で、外出時や帰宅時など一日に何度もドアノブを触らなければならない。その繰り返しの中で、静電気を感じることなく触り続けると、今度は、ドアノブは安全だという先入観が形成されていく。

こんな静電気一つでも、人間の行動に大きな影響を与えるのだ。

もしも、ドアノブに流れる電気が強いものであり、自分の部屋のドアノブにつねに流れていたとしたらどうだろう。触れば必ず痛い思いをする。多くの人は、ドアノブに触ることができなくなり、立ち往生《おうじょう》してしまうのではないだろうか。

今、多くの人たち、特に子どもたちがこの状況に陥《おちい》っている。それまでの人生で形成された先入観が、これからの人生を変えてしまうというジレンマだ。先入観が固定化され、その人の性格そのものを変容させてしまうのだ。


幼い頃からの家庭での虐待や学校でのいじめは、それを受けた子どもたちに「人は怖い」という先入観を植えつける。その結果、心を閉ざし、人との関係を避け、孤立する。多くの場合、不登校やひきこもりとなってしまう。

また、たった一度の事件だったとしても、暴力や暴行はそれを受けた人の心の中にトラウマ、言い換えれば大きな傷痕《きずあと》を刻む。その結果、人間不信に陥り、他者との人間関係の形成が困難になってしまう。このような先入観による問題を抱えた多くの人たちからの相談も受け続けている。

さらに、先入観は色眼鏡《いろめがね》と同じだ。たとえば、赤い色眼鏡をかければ、見るものすべてに赤いベールがかかって見える。黒い色眼鏡をかければ、すべてはダークな世界で暗く見える。

つまり、その人が素直に、そのときどきの人の言葉や状況に対応しようとすることに邪魔をする。たとえば、幼いときに親からの虐待を受け、学校でもいじめにあい、人が怖くてしようがないという性格の人は、その先入観から、誰かから優しい言葉をかけてもらっても、まずは人を疑い、心を閉ざす。

私は「夜回り」を通して、夜の町に佇《たたず》む子どもたちと触れ合ってきた。彼らのほとんどは昼の世界、つまり、家庭や学校に居場所のない、ある意味で昼の世界から締め出された子どもたちだ。彼らの多くはそれまでの人生で、親からの虐待や養育拒否を受け、教師からは裏切られたり心ない扱いをされて、傷つき、心を閉ざした子どもたちだ。彼らにとって大人は、自分を傷つける怖い存在であり、敵だ。大人に対するそんな先入観が作られてしまっているため、彼らは助けを求めることをせず、夜の世界に居場所を求めた。

夜の世界は、傷ついた人たちにとって居心地のいい世界だ。その理由は二つある。

一つ目は、ほとんどの夜の世界の人間たちが、昼の世界から追われたという傷を抱えているからだ。だから、そこには、一種のいたわり合いが生じる。

二つ目の理由は、夜の世界の一部の悪い大人たちにとって、夜の世界に堕《お》ちてくる子どもたちは、金のなる木だからだ。自分たちの都合のいいように利用できる。だから、最初は優しくする。いずれ、さらにぼろぼろにされてしまうのだが。


夜の世界の子どもたちにとって、「夜回り」をする私は異質な人間に映ったかもしれない。スーツにネクタイ姿で、たむろする彼らのそばに行き、叱るのでも怒るのでもなく、哀しそうな目をして子どもたちの話を聞く。ときには目を輝かせて彼らの明日を語る。ただ、それだけのことで、多くの子どもたちが心を開き、そして、夜の世界から昼の世界へと巣立ってくれた。

彼らの多くにとって、大人は自分を傷つける嫌な存在だし、また、自分を利用しようとする醜《みにく》い存在であり、自分を捕まえようとする怖い存在だった。

その大人に対する先入観が、私との出会いで覆《くつがえ》されたとき、子どもたちの心に、再度大人を信じてみようという気持ちが芽《めば》生えた。もしかしたら、自分を傷つけたような悪い大人ばかりでなく、世の中には自分を助けてくれるいい大人もいるのではないかという、大人を信じる心が生まれた。これが彼らの人生を変えたのだ。

六、子どもたちのサインを見落とさない

からだの病と心の病では、どちらが大変な問題だろうか。私は心の病のほうが、数段大きな問題だと考えている。

からだの病は多くの場合、早期に気づくことができる。熱や痛み、不快感などで、病気になったことを知らせてくれるからだ。さらに、人間には免疫力や抵抗力が備《そな》わっており、早期の軽微なものならば自然に治癒《ちゆ》してくれることもある。

しかし、心の病は早期のサインが見えにくい。気分の落ち込みなどで、これ以上学校に行ったら、あるいは職場に行ったら、あなたの心は壊れてしまうと知らせてくれ

ても、それは本人にしかわからない。だから、親や周りの人は、甘えやサボりだと考えがちだ。そして、放置されたまま深く病み、リストカットや自死願望などの症状が出ても、親からは「心が弱いからだ」などと言われ、さらに追い詰められてしまう。

早期に気づけば、環境を少し変えるだけで救われる心の病が見落とされ、気づいたときには重篤《じゅうとく》なものとなってしまっている。

からだの病でも心の病でも、最初から一挙に重篤な症状が現れることはない。必ず、軽い初期症状がある。それが見落とされたり放置されることによって徐々に悪化していく。じつは、その過程で様々なサインを出している。急に性格が暗くなった、食事の量が減った、親との会話が減り一人で部屋にこもることが多くなった、夜眠らない日が増えた、学校でも孤立していることが多いなど。またその逆に、急に性格が明るくなった、今までになく親に近づき甘えるようになった、夜遊びが増えたなど、できる限り早く気づくことが肝心である。

特に重要なサインは「夜眠れない」こと。心にいらいらを抱えているために、夜眠ることができなくなる。

こんなサインを見落とさず、その時々にきちんと向き合い、抱えている問題をほどけば、重い心の病に陥ることは、まずない。

七、環境と生活習慣の改善で心の病を予防する

日常生活における習慣についても書いておきたい。

ハイテク化が進んだ現代社会は便利で快適だ。蛇口をひねればすぐに温かいお湯が出るし、スイッチを押せば暗い部屋がすぐに明るくなる。また、スイッチ一つで涼しい風が吹く。どれも当然のこととして、日常生活の中で習慣化している。そんな快適な環境が私たちから奪ったものはないのだろうか。

みなさんに考えてほしいことがある。もしも、この世界に電気がなかったら……。二〇一八年秋に発生した北海道胆振《いぶり》東部地震での長期にわたる停電事故のことを思い起こしてみてほしい。多くの人は、「そんな世界では生き抜くことができない」と言うだろう。でも、本当にそうだろうか。

私は子どもの頃、祖父母と山形の寒村で三人暮らしだった。暑い夏には蚊帳《かや》を張

り、その中で三人で眠った。祖母は、祖父と私が眠りにつくまで団扇《うちわ》であおぎ、優しい風を送ってくれた。あのときの心地よい風は、今も忘れることができない。こんな些細《ささい》な習慣がかえって深く心に刻まれることがある。不便だからこそ、相手への思いやりが生まれ、その思いやりを肌で感じることによって、優しい心が育つのだ。

人間の性格は、日々の習慣の中で固定化され、その人の心の中に刻み込まれていく。子どもたちの場合、その習慣は家庭環境と学校ということになる。大人の場合は、職場の環境や仲間たちとの関係ということになる。その環境の中でいろいろな考え方を持つ人たちとの触れ合いがあれば、問題を抱えた性格を見直すいい機会となる。

じつは、私たちの日々の習慣はほとんどが自分の過去が作ったものではなく、今を生きている社会から作られたものだ。しかも、多くの場合、上滑《うわすべ》りでセンセーショナルなネットやー部のテレビなどの報道の中で作られた。

本来、私たち人間は自分の足で歩き、自分の目で見た世界の中でものを考え、そこから自分の生き方を模索してきた。それが、今やネットやテレビなどの情報の中で、世界や物事を考えてしまっている。それが習慣となり、自らの性格を変えていくという状況になってしまった。

しかし、まだ間に合う。よい環境の中でよい習慣をつけることによって、心の病を遠ざけることは可能だと考えている。

日本における心の病や非行、犯罪、不登校やひきこもりなどの諸問題を一挙に解決する簡単な方法がある。極端な策ではあるが、日本のすべての電源を夜の一〇時から朝の六時まで落とせばいいのだ。残念ながら、電源の遮断《しゃだん》は不可能であることは承知している。だから、家庭でそれを実行するのだ。

平日の夜は午後一〇時には、家族みんなで消灯。朝は午前六時には起床。家族みんなで家の外に出て、美しい花や景色、鳥の鳴き声に触れ、今生きていることの喜びを感じる。みんな揃って朝食を食べ、それから出かける。夕方からは家族みんなが揃った夕食と一家団欒《いっかだんらん》の時間だ。その日あったことを話し合いながら、楽しいときを過ごしてから眠る。

こんな毎日を繰り返すことができれば、心を病んでいる人たちのほとんどは治癒するだろう。また、学校でのいじめも不登校もすぐに減っていくだろう。みんなが優しく落ち着いた性格となり、非行や犯罪も減っていくだろう。こんなあたりまえのことが、失われた日本になってしまっている。

心の病とは、ここまで書いてきたことでわかるように、その人の考え方やものの見方、つまり性格が、様々な要因によって変容され、従来あるべきパターンから逸脱してしまうことである。

誰かが、あなたをそっと見ているとする。普通ならば「私に興味があるのかな」と考えるだろう。しかし、つらいいじめを経験している子どもは「自分を嫌い、いじめようとしている」と考えてしまう。道に落とした財布《さいふ》を拾おうとしてくれた人に対して、人間関係で嫌な経験をしてきた子どもは「私の物を盗ろうとしている」と構えてしまう。それまで、そのような環境で生きてきた年月が長ければ長いほど、また、その経験がひどいものであればあるほど、深く心に刻み込まれ、染みつき、治療が困難になる。そして、その人の人生を制限し、壊していく。

それでは、今を生きる若者たちや子どもたちの「心の問題」、つまり、「心の病」の解決法はあるのだろうか。これについては、第五章で詳しく述べることにする。

第五章

青少年の心の問題の解決法

青少年だけでなく、今や日本人の多くが抱えていると言っても過言ではない、心の病《やまい》。私はそんな心の病の解決法には、「心理学的解決法」「医学的解決法」「非論理的解決法」「超越的解決法」、そして「超越論的解決法」の五つがあると考えている。これらは、子どもにも大人にも適応可能な方法だ。

順を追って説明するが、最初に「心理学的解決法」について見てみよう。

一、「心理学的解決法」

現在、子どもたちが不登校や自傷行為など、心の病の兆候を見せた場合、まず最初に関わるのは、「スクールカウンセラー」（臨床心理士）である。日本では、スクールカウンセラーを全国すべての学校に配置していこうとしている。また、企業であれば、社員の心の病対策のために、企業内カウンセラーを置くところも増えている。

スクールカウンセラーの配置は悪いことではないが、問題があると、私は考えている。

日本でカウンセラーを一つのキャリア、すなわち、「臨床心理士」という資格として定着させたのは、河合隼雄《かわいはやお》氏である。氏の心理学者としての功績は多大に評価されるべきものである。

しかし、私はカウンセラー制度については、失敗したと考えている。それは、大学院文系の心理学研究科や教育学研究科などの中に学ぶ場を設置してしまったことだ。そのため、医学についてはしっかり学んでいないのではないかと思う。

本来なら、新しい学問として臨床心理学部を設置し、精神医療の専門家や大脳生理学の研究者も置くべきだった。それをしなかったゆえに、日本のスクールカウンセラーは、中途半端なものとなってしまった。

これを危惧《きぐ》したためか、近年は臨床心理学科を設置している大学も増えてはいる。

さらに、二〇一八年より厚生労働省の下で、国家資格の「公認心理師」の制度がスタートした。公認心理師には「人体の構造と機能及び疾病《しっぺい》」「精神疾患とその治療」などの科目を課していて、大学院においては医療機関での実習が必須だ。臨床心理士も国家資格の公認心理師の資格を取得する方向に進んでいる。しかし、この制度はまだこれからの資格といえるので、近い将来、活かされることを大いに期待している。

話を現在に戻そう。大学院を出て、あるいは数年の実際の活動を経て、資格試験を受験し、臨床心理士の資格を手にしても、その先は安定した一生をこの資格で生きていく場所さえ与えられないことがある。この制度で利益を得ているのは誰なのか。名前を挙げて批判してもいいぐらいだ。

少し言い過ぎたかもしれない。私は決してスクールカウンセラーが無用だと言っているわけではない。限界があるということを伝えたいのだ。

確かに、心理学を基盤としたカウンセラーでも、患者の話を聞き、心の病の背景や原因を探り、その解決のための試《こころ》みをすることはできるし、現実に救われている患者もたくさん存在する。

ただ、スクールカウンセラーが機能するのは、論理的にものを考え、論理的に行動することができる子どもに対しては有効だ。でも、本能的、あるいは、感情的に生きている子どもたちには通用しない。小学生では、せいぜい二割。中高校生に対しては三割が限界だろう。だから、こう考えてほしい。心を開いて自分のことをきちんと伝えようとしない人に対するカウンセリングは不可能だと。一方で、最近は発達障害、特に自閉症スペクトラムの子どもたちへのカウンセリングが、かなり試行錯誤を重ねられているという事実もつけ加えておく。

そうは言っても、臨床心理学は学問として、心の病の治療法の一つとしてまだ研究の途上にあり、未完成である。そのため、学問としての確立した方法論からよりも、そのケースに関わるスクールカウンセラー個人の力量に左右されることが大きい。これは非常に危険だと考える。

しかも、さらに危《あや》うい問題がある。

それは、スクールカウンセラーを目指す学生たち自身の問題である。私はいくつかの大学の臨床心理学科で教壇に立ったことがある。ここに学ぶ学生の多くは、彼ら自身がそれまでの人生でなんらかの問題を抱え、その解決のために学んでいる。つまり、人を救うことで自分を救おうとする。これは、患者との関係が最悪の共依存となる可能性があり、お互いが潰《つぶ》れてしまうのが目に見えている。

私は自分の教えた学生たちには、必ずこう伝えている。「幸せな人しか、人を幸せにすることはできない。人を救いたかったら、まず、君自身が幸せになることだ」と。

二、「医学的解決法」

次に「医学的解決法」について見てみよう。

スクールカウンセラーの次に、この問題を抱える子どもたちに関わるのは、精神医療の医師たちであろう。この本の中ですでに、日本の精神医療の問題点について厳しく書いた。

しかし、誤解しないでいただきたい。私は日本の精神医療の存在が不要だとは言っていないし、その必要性は認めている。たとえば、統合失調症などの患者に対しては適切な投薬をすれば、普通に働き生活をしていくことができる。ＡＤＨＤ（注意欠陥・多動性障害）の子どもたちも、適切な投薬を受けることで問題なく日々を生きていくことができる。

ここで、私が問題にしたいのは、環境要因による心の病の子どもたちに対しての治療法だ。たとえば、要因となっている環境を変えるためのアプローチをすることもなく、数分の診察で、脳に直接作用する向精神薬や睡眠剤、抗うつ剤を無防備に投薬している。これは、子どもたちの脳の働きを薬剤によって抑えて、環境に適応させるという治療法である。

確かに、自死の可能性の高い患者や、「他害行為」と言って他者の心身や持ち物などを傷つける可能性の高い患者、摂食障害等で命の危険性を感じる患者などに対して、一時的にこのような投薬することは必要だ。あるいは、隔離病棟等で保護することの必要性も否定できない。

しかし、投薬も隔離も一時的なものでなくてはならない。特に投薬は、二ヵ月から四ヵ月が限度だろう。それ以上続ければ、確実に依存形成が起こってしまう。また、耐性形成から投薬の量や回数を増やしていかなくてはならなくなる。

この期間の中で原因を探り、その原因をほどくことを試みている病院や医師はどれだけ存在するのだろうか。おそらく多くの医師たちは、こう答えるだろう「私たちの仕事は、患者の命を今守ることだ。それ以外は、私たちの管轄《かんかつ》ではない」。この言葉は、正しいのだろうか。

具体的な例をあげよう。

「夜眠れない」と相談に来た患者に、いとも簡単に睡眠剤を投薬する。これは正しい医療であろうか。睡眠剤を使用し続ければ、数ヵ月で依存形成をきたし、その薬なしでは眠ることができなくなる。しかも、その薬に対する耐性が形成されるため、服用量や回数を増やしていかなくてはならない。当然だが副作用も起こる。

まずは、毎日二時間は散歩してみよう。ともかくからだを疲れさせてみよう。なぜ、このような指導ができないのだろう。

「死にたい」と相談に来た患者には、ただ抗うつ剤を投薬するのではなく、きちんと話を聞くことが重要だ。その原因が、家庭での虐待《ぎゃくたい》ならば、児童相談所や警察と連携して解決する。学校でのいじめならば、教育委員会や校長と連携し解決する。なぜ、このような対応をせずに、ただ、薬を使い続けるのだろう。薬の弊害《へいがい》について最も理解しているのは、医師のはずではないのか。

この世の中で、安全な薬など存在しない。どんな薬も副作用のともなう危険なものだ。だからこそ、日本には薬剤師という薬の専門家が存在する。その危険な薬を心身の成長期である一〇代の中学生や高校生に、いとも簡単に投薬し、しかも数年にわたって、その量や回数を増やしながら投薬し続ける。

大人が嗜好《しこう》するタバコやアルコールでさえ、法律によって未成年の使用を禁止している。成長期のからだの健全な発育や脳に対する副作用の危険性があるからだ。このタバコやアルコールより、はるかに副作用の多い向精神薬だ。私は殺人行為に近いと考える。

私は相談に来る人たちに、よい精神科医と悪い精神科医の簡単な見分け方を伝えている。

ろくに話を聞いてもらえず、数分の診察で「それではこの薬を飲んでください」と投薬する医師は問題がある。二度とその医師のところには行かないようにとアドバイスしている。

いずれにしても、日本の精神医療は、その在り方を一から考え直す時期に来ている。

それでは、「心の病」に対して、今行われているこの二つの方法以外に、どんな解決法があるのだろうか。

三、「非論理的解決法」

一つの例がある。今から一二〇〇年前に考えられた素晴らしい方法だ。

みなさんは、お遍路《へんろ》「四国八十八ヵ所巡礼」を知っているだろうか。弘法大師《こうぼうだいし》・空海上人《くうかいしょうにん》が開創したと言われているもので、四国にある八八の霊場（札所《ふだしょ》）をひたすら歩いて回る。約一三〇〇㎞にも及ぶ行程で、男性の足で三十数日、女性の足では四〇日以上かかる。朝早くから夕方まで歩き続けるため、からだは丈夫になるし、疲れ果てるため、夜は何も考えずにぐっすり眠ることができる。

また、お遍路は「同行二人《どうぎょうににん》」と言われ、空海上人とともに歩いているとされている。そのため、道中では「お接待」と言って、近隣の多くの人たちからお茶や食べ物をごちそうしてもらったり、休憩や雨宿りなどをさせてもらったり、いろいろなお手伝いをいただくことができ、優《やさ》しさに触れられる。

私は今まで一〇〇〇人以上の若者たちをこのお遍路に送り込んだ。若者たちのほとんどは歩き切り、たったこれだけの経験で学校や会社に復帰していった。


私がここで言いたいのは、「心の病はからだから」ということだ。規則正しい生活を送り、太陽の下で美しいものに触れ合いながら、たくさん歩く。これだけで、多くの心を病む子どもたちや若者たちは救われる。

心の病をスクールカウンセラーや精神医療の医師たちのように、治療で解決しようとするのではなく、その問題はちょっと横に置いて、まずは健康で健全なからだを作る。これだけで、多くの子どもたちや若者たちが救われる可能性がある。

私はこれを、心の病の「非論理的解決法」と呼んでいる。

心がつらくなったら、悩みに押し潰されそうになったら、心が病んできたと思ったら、大自然の中に飛び出す。太陽の下で思いっきり汗を流し、くたくたになるまで動く、働く。こんな簡単なことで救われる子どもたちや大人たちは多い。心配な副作用は、筋肉痛と心地よい疲労感だけ。こんな素晴らしい方法がある。

これは私が青春時代からやってきた方法でもある。失恋の苦しみ、学生運動での挫折《ざせつ》、大切な仲間の死、自分が潰れそうになったときは、いつもジャージに着替え、ただひたすら走った。横浜から走り続けて、気づいたら小田原に行っていたこともある。お金を持っていなかったため、帰りもただひたすら歩くしかなかったが、心は充実感と達成感に満ちあふれ、気持ちが晴れ晴れとしたことを覚えている。

もしも、日本のすべての学校で授業終了後、年齢や体力により距離は異なっても、子どもたちを毎日走らせたら、心の問題のほとんどは解決する、そう考えている。

「死にたい。会ってほしい」と言ってくる子どもたちに、私は一つの条件を語ってきた。それは、次の日から外に出て、二時間以上歩き、道路のゴミ拾いをし、途中見つけた美しい景色や花などを、写メールで私に送ってくれること。これを毎日一ヵ月間続けるというものだ。それができたら、君の住む町にすぐに出向くよと。

これをきちんとできた子どもは、ゴミ拾いをしているときにかけてもらう感謝の言葉で、自分の存在価値に気づき、美しいものに触れることで生きていることの素晴らしさを感じ、自分の足で歩くことでからだは健康になる。そして、疲れているので、夜はぐっすり眠れる。しっかり眠ることによって、自然と生きる力が湧《わ》いてくる。

一番大事なのは生活にきちんとしたリズムを作り、毎日のサイクルにすることだ。こんな単純なことで、多くの子どもたちが立ち直った。

四、「超越的解決法」

私が「超越的解決法」と呼ぶものも、心の病には有効だと考えている。

それは、宗教の力を借りることである。これは決して「神を信じなさい」とか「仏を崇《あが》めよう」などと言って、信仰を強制するものではない。

私たち人間は、人が先祖代々崇拝してきたものを畏《おそ》れる心を持っている。たとえば、神社や寺、教会の敷地でつばを吐く人はいない。繁華街などで立ちションをされて迷惑しているときは、そこに鳥居のマークや卍《まんじ》のマークを書くと、立ちション行為はピタッとなくなる。これである。

みなさんは、おみくじを引いた経験があるだろう。単なる印刷した紙にもかかわらず、大吉だ、凶だと一喜一憂する。御守《おまもり》を土足で踏んだりする人もいない。

つまり、「超越的解決法」とは、私たちの心の中にあるこの宗教の持つ伝統の力を借りるのだ。

私は一〇年以上前から、リストカッターの子どもが寺の本堂の仏様の前や神社の本殿、教会の十字架の前で、リストカットできないことに気づいていた。

かつては、いかなる宗教も人の悩みに寄り添い、その悩みを解決に導《みちび》く大切な道標《みちしるべ》だった。悩みを抱えた人は、寺や神社あるいは教会で祈る。それだけで救われた人たちはたくさん存在した。この宗教の原点は、今もなんら変わらない。

こうした宗教の持つ力を、心を病む子どもたちに対して、最も使ってきたのは「カルト教団」と呼ばれる一部の過激な宗教団体である。私の関わった子どもたちのうち、何人もがカルト教団に入信していった。カルト教団は、このような子どもたちを組織の中に組み込み、手足のように使う。私の中には「それでも生きていてくれさえすれば」と思う気持ちはある。しかし、彼らの人生を考えると哀《かな》しみが募る。

私が担任をした一人の女子高校生は、クラスの中では問題のない子であり、模範的な生徒だった。そのため、特に注意することなく見守っていた。しかし、その彼女は卒業後、いきなり、あるカルト教団に出家《しゅっけ》してしまった。

親から相談を受けた私は教団に行き、彼女に会わせてもらった。

そこで、彼女はきっぱりと言った「先生はずっと、私はよい子で問題がないと考えていたでしょう。でも、家では喧嘩《けんか》ばかりしている両親にずっと苦しめられてきた。家事をしないで遊び回る母の代わりに、まだ小さい妹たちの面倒も見ていたんだ。先生が注意していたのは、問題が見える子ばかりだった。私は見捨てられてた。何度も死のうとした。そんな私を助けてくれたのは教団の仲間たち。いつもそばにいて、一緒に悩んで泣いてくれた。今は幸せです。だから、もう私には関わらないで」。

私は重大なミスをしてしまった。まったく気づかなかったのだ。

今でも、彼女からは一年に何度か電話がある。「水谷先生、早く私たちの信仰に入らないと、地獄に堕《お》ちるよ」、そう熱く語る。私には返す言葉がない。ただ「ごめんね」と謝《あやま》ることしかできない。

話を戻そう。仏教の各派は、「葬式仏教」と揶揄《やゆ》されたように、本来のあるべき活動、つまり、病んでいる人に寄り添うという活動を捨てて、単に葬式を行うだけの宗教団体となり果ててしまった。

このことは仏教の各派だけを責めるわけにはいかない。なぜなら、明治維新以降の廃仏毀釈《はいぶつきしゃく》から始まり、天皇を神とする神道による国家運営の中で、国の方針が変わったことが大きいと考えられるからだ。それまで、いつも貧しい人や病む人に寄り添い、大きな権力を持っていた仏教の力を削《そ》ぐ、という方向に変わってしまった。

しかし、今再び、仏教やキリスト教、新興宗教の一部の教団が、施設を開け始めている。そして、心を病む子どもたちに向き合おうとしている。本堂や教会という、聖なる空間に入り佇《たたず》むだけで、心が落ち着き、自らを見つめ直すことができる。この場を活用しようとしている。

さらに、近年は心の病の治療や末期医療でのターミナルケア、家族など身近な人を亡くし哀しみに暮れる人に対する悲嘆ケア（グリーフケア）等に、宗教家の立場から心理面で寄り添うという「臨床宗教師」を養成している大学もある。宗教家が宗教の勧誘などをせずに、公共空間で心のケアをするという新しい試みとして、今後が注目される。

北陸のある町に暮らす中学二年生の少女からメールでの相談があった。ちょうどそのとき、私は研究所にいた。メールには電話番号が書いてあったので、すぐに少女に電話をした。

「夜回り先生だよ」と伝えると、「夜回り先生って本当にいたんだ」とひと言。

少女からいじめについて聞いた後、私は「君の町の教育長は私の知り合いだよ。中学校名と名前を教えてくれたら、私から連絡してなんとかしてもらうよ」と伝えると、少女は「自分でいじめを解決したい」と答えた。「じゃあ、戦うかい」と聞くと、「戦うのは怖い。他の方法はないの？」とたずねてきた。

私はある方法を提案した。明日学校に行くとき、赤と黒のマジックペンを持って行くこと。それに手鏡も。「校門の手前で、額に、君の家の宗旨がキリスト教なら、黒のマジックペンで十字を。仏教なら卍を。神道ならば、赤のマジックペンで鳥居のマークを書いて、教室に行ってごらん」という提案だ。

少女の家には宗旨がなかった。だから、なんと少女は額には赤い鳥居を、両頬《りょうほほ》には卍と十字を書いて教室に入った。

その夜、少女からはじけるような声で電話があった。

「先生、いじめられなかったよ。みんな不気味がって近寄らない。職員室に呼ばれたけど、夜回り先生がこうしたらって教えてくれたって言ったら、先生たちは何も言わなかった」

一週間後には、少女をいじめていた三人の同級生が親とともに、少女の家に謝りに行ったそうだ。

それからが大変だった。この町でこれがブームになってしまったのだ。教師の中にまで、額に卍を書いて職員室に入った人がいると聞いた。仲間の教師からいじめられていたのだろうか。

生まれれば、必ず死ぬという宿命を持つ人間は、弱い存在だ。限られた一生を死に向かって生きていく。

そんな宿命を人間が背負っているからこそ、宗教が存在する。

そして、宗教はあらゆる時代に多くの人たちの苦しみや悩みを救ってきた。本来、死者を弔《とむら》うことは当然として、今を苦しむ人たちを救うことは、宗教の目的の一つでもあった。それが、今忘れられている。

悩んだとき、苦しいとき、宗教施設の中の十字架や仏像の前に立ってみよう。そして、そっと手を合わせ頭《こうべ》を垂《た》れてみよう。必ず、ひとときの救いがある。相談してくる多くの子どもたちにそう伝えている。

五、「超越論的解決法」

最後に、私がこの十数年取り組んでいる「超越論的解決法」がある。

これを説明する前に、考えてほしいことがある。それは教育、特に義務教育になぜいろいろな学科があるかだ。小学校ならば、「算数」「国語」「理科」「社会」「図画工作」「体育」などがある。

逆に考えてみよう。もしも、子どもたちに小学校から中学校まで「算数」や「理科」だけを教えたらどうなるか。「国語」や「体育」だけを学ばせたらどうなるだろうか。知識の偏《かたよ》った、社会では通用しない子どもたちを育ててしまうことになりかねない。

つまり、いろいろな学問を身につけさせることで、社会で自立し、健康なからだと心で一生を幸せに生き抜くことのできる子どもを育てるという目的がある。このために、それぞれの学科が設定されている。

心の病の治療も同じだ。私は、ある一つの方法だけでは不十分であると考えている。もちろん一つの方法で救われる子どもは存在するだろうが、多くの子どもたちの場合は限界があると思っている。

「心理学的解決法」だけでは、救うことのできない子どもはたくさん存在するし、「医学的解決法」という長期にわたる治療には副作用が大きい。「非論理的解決法」は万人向きという意味ではオールマイティーだが、時間がかかる。「超越的解決法」には、宗教が関係するということもあり、学校などの公的な機関では扱いにくい。

また、これらの解決法には、青少年の心の病の主原因となっている彼らの環境を変えるアプローチとしては限界があると感じる。

問題の解決には、いじめが原因の場合は家庭や学校、家庭での虐待が原因の場合は児童相談所や警察、貧困問題が関わる場合は福祉事務所。また、それら全体の場合には保健所の協力が不可欠となる。

心を病む子どもたちのそれぞれのケースについて、これまで述べてきた四つの解決法を治療として試み、それらの治療者同士と関係機関がつねに情報交換しながら連携して動く。つまり、綜合的なアプローチが不可欠なのだ。これができれば、多くの子どもたちを救うことができると考えている。

これが、私が研究してきた「超越論的解決法」である。

今、日本で多くの子どもたちが、心を病み苦しんでいる。暗い夜の部屋で明日を見失い、死へと向かっている。

また、少なくない数の大人たちも、なんの援助も受けることなく、暗い部屋で明日を見失い苦しんでいる。

一刻も早くこの問題に関係者と諸機関がきちんと向き合い、動き出さなければ、日本は最悪の事態を迎えてしまうこともある。

おわりに

答えは、子どもたちの中に。

私はあえてここまで、青少年問題の簡単で最も重要な解決法を書かなかった。この本の最後にそれを書いてみよう。

「子どもたちは、社会の鏡である」とよく言われる。子どもたちは敏感であり繊細である。だからこそ、社会や環境の変化を大人より鋭敏《えいびん》に感じ取り、それにすぐに反応する。子どもたちの状況を見れば、その社会が持つ、また環境としての学校や家庭が抱える問題が見えてくるという意味である。これには納得できる。

子どもたちには、自分の意思で自分の行動を決定する力や知識は、まだない。また、自分自身でそんなことができるとも思っていない。だから、彼らはただ、自分に襲いかかる様々な問題に、彼らなりに精一杯反応しているだけなのだ。


自分から好んで夜の世界に入る子どもはいない。

自分から進んでドラッグに手を出す子どももいない。

自分から大切な仲間をいじめる子どももいない。

自分から学校に背を向け、人との関係を絶ち、不登校になる、ひきこもりになる子どももいない。

自分から心を病み、リストカットやODを繰り返す子どももいない。

そして、自分から死を選ぶ子どももいない。

子どもたちは、私たちの社会から、学校や家庭から追い込まれている。だから、救いを求め、これらの問題行動に走るのである。

これを忘れないでいただきたい。

これらの子どもたちを変えようとするのならば、私たち大人が、今の社会をもっと子どもたちにとって幸せな社会にしなくてはならない。

教師が学校を、子どもたちにとって、楽しく明日を夢見ることのできる場にしなくてはならない。何より家庭を、この世界で最も安全で心とからだを休められる幸せな場所にしなくてはならないのである。

子どもたちを変えるのなら、まずは私たち大人が変わらなくてはならない。このことを今、多くの大人たちは忘れている。そして、子どもたちを追い詰めている。

親である人たちに聞きたい。あなたの家庭は笑顔であふれていますか。教師たちに聞きたい。あなたの学校で、子どもたちは明るく輝いていますか。

以前、小学校に勤務する二〇代の男性教師から相談があった。彼は教師として勤務して二年目に、夢にまで見たクラス担任を持つことになった。ところが、初めて担任した五年生のクラスは学級崩壊状態だった。管理職の先生や先輩教員たちからは厳しく指導され、親たちからも信頼を失い、心を病み始め、退職を考えていた。

会話の中で彼は、私の本を読み教師を目指したこと、子どもを叱るのではなく、寄り添うことで教育しようと試《こころ》みていたことを熱く語った。そして、残念ながら挫折《ざせつ》したことも。

私は彼に、自分のつらさや苦しさを隠したり、一人で抱え込んだりせず、子どもたちや親たち、そして他の先生たちに、正直に伝えることを話した。特に子どもたちには、今の自分の姿をそのまま見せることをアドバイスした。

彼は、ホームルームで子どもたちに自分のありのままの苦しみを話した。保護者会で親たちに、職員会議で仲間の教師たちにも伝えた。そして、どうしたらいいのかを、子どもたちに親たちに、教師たちに聞いた。たった、これだけのことで、彼のクラスは変わった。

彼から届いた明るい声、この電話を忘れることができない。

「夜回り先生、昨日クラスで子どもたちに自分が教師としてどうしていいのかわからなくなった、もう教師を辞めようと思っていると、今のつらくて苦しい気持ちを伝えました。そしたら、何人もの子どもたちが一緒に泣いてくれた。うちのクラス最高です！　今日は、みんなまじめに授業を聞いてくれました」

ほとんどの親や教師は、自分が一人前の大人の人間だと勘違いしている。そして、大人の権威を振りかざして子どもたちを支配し、指導しようとする。でもじつは、私も含めてすべての大人は迷える子羊、つまり、中途半端な存在でしかない。だからこそ、日々学び、日々反省し生きていかなくてはならない。

今、日本の多くの子どもたちが陥《おちい》っている心の病のほとんどは、環境要因によるものだ。本当の解決は、その環境を変えることにしかない。

それでは、どう変えていけばよいのだろう。

簡単である。子どもたちとともに考えればいいのだ。子どもたちが起こす問題行動には、必ずその理由がある。しかも、その理由のほとんどは家庭の中にある。つまり、親の在り方の中にあるのだ。でも、ほとんどの親たちはそう考えない。自分たちが導《みちび》いた結果であるにもかかわらず、それを無視したり責任を転嫁《てんか》したりして、子どもたちを責める。「悪い子だから問題を起こす」と。

わが子が、ここまで書いてきたような様々な問題行動を起こした場合、まずは、親たちは自分の姿を直視することだ。優《やさ》しさに満ちた落ち着いた家庭であるか、家族みんなで話し合ったり触れ合ったりできる場か、夫婦が円満で助け合いいたわり合って生活しているかを、確認することだ。

次に、正直に子どもに聞くことだ「なぜ、そんな問題を起こすのか」と。さらに「家庭や親自身がどう変わったら、この問題を解決できるのか」までを、しっかり話し合うことで、必ず解決の糸口は見えてくる。

子どもたちは、家庭や学校であまりにも長く大人からの裏切りにさらされてきた。大人と子どもの間の断絶が進んでしまった現在、この修復には時間がかかるだろう。多くの子どもたちは、すぐには心を開いてくれないかもしれない。

しかし、時間をかけても、子どもたちの思いをきちんと聞き取り、子どもたちが望んでいる家庭や学校、社会を作る努力をするべきだ。

それができたならば、子どもたちの抱えるすべての問題は解消する。そして、私たちの日常に子どもたちの笑顔と明るい声が響きわたる。

また、すべての政治家や官僚にも考えていただきたい。日々痛ましい犯罪が起きたり、青少年問題が多発する背景には、この国や社会の在り方の中に根本的な原因があるということを。起きてしまった結果に翻弄《ほんろう》され、対処するだけではなく、その原因を取り除くという根本の努力をしていただきたいのだ。

すべての国民が明日を夢見ることができ、自分なりの幸せを実現できる可能性がある社会を作ることが国の第一義だ。そうすれば、今の日本が抱えている青少年問題のほとんどは解決する。私はそう確信している。

私はそんな日が一日も早くくるように、私なりの方法で、今夜も「夜回り」を続ける。絶えることなく続く、子どもたちからの相談に答えていく。

著者

水谷 修（みずたに・おさむ）

一九五六年、神奈川県横浜市に生まれる。上智大学文学部哲学科を卒業。一九八三年に横浜市立高校教諭となるが、二〇〇四年九月に辞職。現在は花園大学客員教授として教壇に立つ。

高校在職中から継続して「夜回り」と呼ばれる深夜パトロールを行い、子どもたちの非行防止や更生、薬物汚染の拡大防止のために精力的に活動している。また、メールや電話による相談への対応を通して、不登校や心の病、自死などの問題にも関わっている。さらに、講演活動などで日本全国各地を駆け回っている。

主な著書には、『夜回り先生』『夜回り先生と夜眠れない子どもたち』『こどもたちへ　おとなたちへ』（以上、小学館文庫）、『増補版さらば、哀しみのドラッグ』（高文研）、『夜回り先生の幸福論明日は、もうそこに』『夜回り先生　子育てで一番大切なこと』（以上、海竜社）、『どこまでも生きぬいて』（ＰＨＰ研究所）、『さよならが、いえなくて』『夜回り先生の卒業証書』『夜回り先生こころの授業』『あした笑顔になあれ』『あおぞらの星』『あおぞらの星２』『いいんだよ』『夜回り先生からのこころの手紙』『夜回り先生50のアドバイス　子育てのツボ』『夜回り先生　いのちの授業』『ありがとう』『夜回り先生　いじめを断つ』『Ｂｅｙｏｎｄ』『約束』『優しさと勇気の育てかた』『少数異見』『夜回り先生　原点』（以上、日本評論社）などがある。

壊《こわ》されゆく子《こ》どもたち
——夜回《よまわ》り先生《せんせい》の青少年問題論《せいしょうねんもんだいろん》

2019年11月15日 第1版第1刷発行

著者 水谷《みずたに》 修《おさむ》

発行所 株式会社日本評論社
〒170－8474 東京都豊島区南大塚3－12－4
電話03－3987－8621（販売）
振替00100－3－16
https://www.nippyo.co.jp/

装幀 図工ファイブ
印刷所 株式会社精興社
製本所 株式会社難波製本

ISBN978-4-535-58743-4 Printed in Japan